基于数据库建设的中国西南少数民族医药文献抢救与整理丛书

喀斯特地区少数民族医药文献书目提要

主编 张艺
副主编 袁涛忠 谭荣 曾商禹

◆ "十三五"国家重点出版物出版规划项目
◆ 2020年度民族文字出版专项资金资助项目
◆ 国家社会科学基金重大项目『西南少数民族医药文献数据库建设及相关专题研究』（项目编号：16ZDA238）成果

西南交通大学出版社
·成都·

图书在版编目（CIP）数据

喀斯特地区少数民族医药文献书目提要 / 张艺主编. -- 成都：西南交通大学出版社，2023.12

（基于数据库建设的中国西南少数民族医药文献抢救与整理丛书）

"十三五"国家重点出版物出版规划项目　2020 年度民族文字出版专项资金资助项目

ISBN 978-7-5643-9577-3

Ⅰ. ①喀… Ⅱ. ①张… Ⅲ. ①喀斯特地区 – 少数民族 – 民族医学 – 医学文献 – 图书目录 – 中国 Ⅳ. ①Z88：R29

中国国家版本馆 CIP 数据核字（2023）第 227270 号

基于数据库建设的中国西南少数民族医药文献抢救与整理丛书
"十三五"国家重点出版物出版规划项目
2020 年度民族文字出版专项资金资助项目

Kasite Diqu Shaoshu Minzu Yiyao Wenxian Shumu Tiyao
喀斯特地区少数民族医药文献书目提要

主编　张　艺	策划编辑／吴　迪　郑丽娟　姜远平
	责任编辑／吴　迪
	助理编辑／姜远平
	封面设计／曹天擎

西南交通大学出版社出版发行
（四川省成都市金牛区二环路北一段 111 号西南交通大学创新大厦 21 楼　610031）
营销部电话：028-87600564　　　028-87600533
网址：http://www.xnjdcbs.com
印刷：四川玖艺呈现印刷有限公司

成品尺寸　185 mm×260 mm
印张　21.5　字数　346 千
版次　2023 年 12 月第 1 版　　印次　2023 年 12 月第 1 次

书号　ISBN 978-7-5643-9577-3
定价　148.00 元

图书如有印装质量问题　本社负责退换
版权所有　盗版必究　举报电话：028-87600562

基于数据库建设的中国西南少数民族医药文献抢救与整理丛书
编写委员会

顾　问：	杨宝寿	土登彭措	达　娃
	华尔江	邓　都	
主　任：	张　艺	降拥四郎	赖先荣
	郭世民	和丽生	袁涛忠
委　员：	梁志庆	曾商禹	泽翁拥忠
	刚焕晨雷	岩温龙	普元柱
	冯兹阁	刘建勤	德　洛
	谭　荣	佟　枫	王　张
主　编：	张　艺	降拥四郎	赖先荣
	郭世民	和丽生	梁志庆
副主编：	袁涛忠	谭　荣	曾商禹
	泽翁拥忠	刚焕晨雷	德　洛
	普元柱	冯兹阁	刘建勤
	岩温龙		
编　委：	扎西卓玛	扎西革白	木吉南克尖参
	丹珍措	旦真吉	白　马
	尕让卓玛	尕藏措	西绕燃智
	杨昌东知	何鹏飞	邹璟琳
	沈宇明	拉　姆	罗日准
	金　锦	郎卡益珍	俞永琼
	索南卓玛	夏刀才让	桑吉康卓
	塔洼吉	甲巴拉则	高　敏
	林艳芳	倪　凯	
审　校：	忠登郎加	邓　都	华尔江
	更藏加	王天虹	俞　佳

总序

Foreword

我国是一个多民族国家，少数民族医药作为我国传统医药体系中不可或缺的部分，几千年来积累了数量庞大的古籍文献。近年来，我国政府对古籍文献的保护和整理工作极为重视，在国务院及国家行政部门支持下，民族医药发展受到高度重视。2022年，中共中央办公厅、国务院办公厅印发的《关于推进新时代古籍工作的意见》着重指明了少数民族古籍工作的重要性，提出"推动少数民族文字古籍文献的抢救保护""围绕铸牢中华民族共同体意识，深入整理反映各民族交往交流交融历史的古籍文献，挖掘弘扬蕴含其中的民族团结进步思想，引导各族群众树立正确的中华民族历史观"等重要指导意见。

2018年，中国申报的"藏医药浴法——中国藏族有关生命健康和疾病防治的知识与实践"被列入联合国教科文组织人类非物质文化遗产代表作名录。同年，由国家档案局组织申报、现保存于西藏自治区藏医院的藏医药学巨著《四部医典》被选入《世界记忆亚太地区名录》，并在2023年成功入选《世界记忆名录》，标志着我国的民族医药成功走向世界。作为民族医药文化的重要载体，古籍文献的发掘整理成为传承和创新民族医药的重要资源。随着藏医药的拉萨北派藏医水银洗炼法、仁青常觉配伍技艺、甘孜州南派藏医药，苗医药的骨伤蛇伤疗法、九节茶药制作工艺等，彝医药的彝医水膏药疗法、拨云锭制作技艺等，傣医药的睡药疗法等大量民族医药技艺入选国家级非物质文化遗产代表性项目名录，标志着民族医药在古籍文献、原创理论、适宜技术、特色药物、成方制剂、经方验方，以及口碑医药史料等方面取得了一定成果，基本复原了藏、苗、彝、傣等民族医药文化的原貌。

本丛书是基于以上民族医药发展背景而成，作为2016年申报批准的国家社会科学基金重大项目"西南少数民族医药文献数据库建设及相关专题研究"（批准号：16ZDA238）项目的重要成果之一，该项目在2023年正式结题并获得结项"良好"评价。丛书同时入选了"十三五"国家重点出版物出版规划项目、2020年度民族文字出版专项资金资助项目。编写组按计划完成了资料搜集工作与实地调研，通过文献收集、田野调查等方式，对藏、苗、侗、彝、傣、壮、土家、纳西等的民族医药古籍和现代文献、原创理论、适宜技术、经方验方、成方制剂等文本，以及口碑医药素材和音视频多媒体资料等收集整理，调研地点包括藏、傣、苗、壮、彝、侗、土家、纳西等少数民族聚居区以及北京、上海等全国信息技术中心、图书馆等，进行了实地调研、考察和学习，最终完成了南派藏医药、彝医药、纳西医药、傣医药等西南少数民族医药文献书目提要丛书五册，分别为：《南派藏医药古籍文献书目提要》《彝医药文献书目提要》《纳西医药文献书目提要》《傣医药文献书目提要》《喀斯特地区少数民族医药文献书目提要》，共搜集相关书籍800余种。其中南派藏医药、彝医药、傣医药均为汉文、民族文字双语版本，包括了藏文、傣文、彝文等医药古籍、经卷、图画、现代书籍等形式。

本丛书包含了藏医药、傣医药、彝医药、苗医药、土家医药、侗医药等内容，具有分布地域典型性，民族文化多样性，内容资料系统性、详实性，选题评述客观性等鲜明的特色。本丛书的出版是第一次以西南少数民族医药文献作为整体并探索其融合交流，以严谨的科学态度挖掘了西南地区的少数民族医药文献历史和文化交流史，体现了中华民族共同体的价值观和文化观，以及人文史料价值、传统文化价值、医药实用价值、潜在经济价值、民族凝聚价值等重要功能，并对其传承、融合和交流的真实性具有重要的意义，具有较高的学术研究价值和现实参考价值，有力地促进了西南少数民族医药文献的保护、传承和创新。

本丛书收集的西南少数民族医药文献资源能够有效促进民族医药理论、文化、药物、诊疗技术等的保护与传承，能够促进民族医药数据的深入挖掘以及数字化信息平台的建设，使其规范化、公开化，从而得到有效利用。同时，也能促进西南不同少数民族医药学科之间的交叉对比，以分析其各自之间的关联性、差异性，以此促进民族医药的发展和创新。

本丛书尽可能地收集了西南地区主要少数民族的医药古籍和现代文献，包括木刻版、手抄本、印刷长条书、经书手稿等，但是对一些珍贵的遗散在民间的古籍文献及民间藏本、抄本的收集整理仍显不足，仍待我们今后继续深入研究。基于本丛书内容，项目组采用了数据库构建设计、数据挖掘和GIS可视化显示技术等方法，构建了西南少数民族医药数字化平台，并上升到文化价值高度，为民族医药文献的抢救性发掘和传承创新提供了多学科新理论和新方法。

本丛书的出版得益于国家社会科学基金重大项目承担单位成都中医药大学的牵头规划，得到了西南民族大学、云南省中医中药研究院、贵州黔东南民族医药研究院、贵州中医药大学、云南中医药大学等民族医药兄弟院所的科研工作者的大力支持。通过整理，初步探索了西南少数民族医药及其文献的相互关系，为开展西南少数民族医药文化交流的内在联系研究提供了极其有益的、可资借鉴的示范研究模式和方法，同时，对推动中国少数民族医药的传承与发展也具有重要的理论价值和实践意义。

编写组
2023年12月

前言 Preface

  中国西南部有着世界上面积最大、最集中的喀斯特连片区。中国西南喀斯特地区主要以贵州为核心，包括云南、四川、重庆、广西等省、自治区和直辖市，以及湖北、湖南的某些地区，有超过1亿人口居住在这里。西南喀斯特区拥有多个世界遗产名录地，如云南石林、重庆武隆和贵州荔波，以及数十个国家级自然保护区。广西漓江景区、云南石林景区、贵州黄果树景区作为各省区喀斯特旅游的主要景区驰名中外。在这一区域内，高山、峡谷、峰林、峭壁、溶洞、天坑、瀑布、暗河等奇特地质景观星罗棋布，河流纵横，气候复杂多变。加之该区域气候温暖湿润，年气温变化较小，冬暖夏凉，气候宜人，生态环境良好，成为"动植物资源蕴藏的宝库"。在这里栖息、繁衍的动植物种类繁多，资源丰富。其生物多样性水平要远高于同纬度、同面积的非喀斯特区域。这片区域是我国生物多样性最为丰富的，也是具有全球意义的生物多样性关键地区。西南喀斯特区域的药用植物也非常丰富，是该区域植物资源中极具优势的资源之一。其中云南省就享有"药材宝库"之美誉，较著名的药材有三七、木香、珠子参、艾纳香等，而贵州省则是中国四大产药区之一，该省所产的在国内外市场占有重要地位的药材有天麻、杜仲、黔党参等。

西南喀斯特区域是我国多民族聚居的民族人口大区，自古以来就是少数民族的重要聚居地，在一定程度上可以说西南喀斯特山地人口即少数民族人口。这里居住着48个少数民族共约2 000万人口，是苗族、土家族、壮族、布依族、侗族、仡佬族、水族、毛南族等少数民族集聚区，仅贵州省就世代居住着苗族、侗族、布依族、土家族、彝族、仡佬族、水族等17个民族，具有深厚的民族文化底蕴。在这片特殊的土地上，生长着资源丰富的动植物，也孕育了灿烂多彩的民族医药文化。据统计，中国西南喀斯特区域有可使用的苗族药物1 123种、土家族药物1 453种、瑶族药物1 230种、壮族药物902种、布依族药物308种、白族药物393种、侗族药物836种、仡佬族药物210种、毛南族药物394种、仫佬族药物198种、水族药物251种。

在当今世界"回归自然"的大趋势下，苗医药、土家医药、壮医药、侗医药等少数民族医药越来越受到世人的青睐，成为我国少数民族医药文化体系的重要组成部分。这种特殊的地理环境，孕育了丰富灿烂的少数民族医药文化，并且□□相传，为少数民族人民的生命健康做出了重要贡献。少数民族医药史同中医药的发展历史一样，都凝结了本民族抵御疾病、与自然和谐共生的智慧。苗医药的"骨伤蛇伤疗法"和"九节茶药制作工艺"、侗医药的"过路黄药制作工艺"、壮医药的"线点灸疗法"和瑶医药的"药浴疗法"已分别被列入国家级非物质文化遗产名录。西南喀斯特区域的少数民族均有独特的宗教信仰，例如彝族的毕摩文化，土家族的梯玛文化，苗族的傩祭、傩文化，瑶族、壮族的师公文化，其中古彝书经文《毕摩经》等就记载有属于自己民族的、富有特色的并且实用的民俗保健知识和经验，这部分经验被世代口耳传承或用本民族的文字总结到了他们的医药典籍之中，得以流传并应用至今。然而由于历史原因，居住在西南喀斯特区域的少数民族大多只有自己的语言，没有统一的文字去记录用药经验、诊疗方式以及配伍禁忌等，导致大量的医药文化缺乏记录和传承，使得现代民族医药学流失了重要的古籍资源。为了能够全面挖掘民族医药的巨大潜力，结合经典古方与现代科学技术的力量，发挥中华民族在上下五千年历史长河中逐渐求索而来的智慧结晶的魅力，以及加深现代医学界对民族古医药书籍文化价值的认知、熟悉及深度研究与创新工作，我们在国家社会科学基金重大项目——"西南少数民族医药文献数据库建设及相关专题研究"的支撑下开展了西南民族医药文献的发掘和整理工作。

不同民族针对同一种疾病可能使用不同的药材进行治疗，而不同的民族也可能使用同一种药材治疗不同的疾病，这些治疗方法富含传统民族医药理论体系和临床经验，是社会发展自然选择的结果，是我国医药事业发展的源泉和不可替代的资源。西南喀斯特区域民族医药的多样性和特殊性，在贵州、湖南、湖北、重庆、广西、云南和四川等邻近省、区、市的民族医药产业中有着极其重要和不可替代的作用。

鉴于目前国内外开展的喀斯特区域特色民族医药研究缺乏系统性和深度的现状，做好少数民族医药源头性的抢救性发掘、整理、研究尤为重要。通过对西南喀斯特区域少数民族医药文献书目的整理研究，不仅能为喀斯特区域特色民族医药的基础科学问题研究提供系统的研究成果，同时也能为该区域特色民族医药的可持续发展提供帮助。本书收录了我国西南区域少数民族医药文献的重要信息，构建了一个承载中国民族医药文化的载体框架，可与中医药文化一起，形成中华文化连续体，以供医学界探讨其学术价值与现实意义，将西南喀斯特区域少数民族医药文化发扬光大。当然，要遵循中国民族医药学会原会长诸国本所言"有则有之，无则无之，多则多之，少则少之，不硬扯，不拼凑"的正确态度，方能发掘和整理喀斯特区域民族医药本真。

本书系由成都中医药大学等单位牵头承担的国家社会科学基金重大项目"西南少数民族医药文献数据库建设及相关专题研究（16ZDA238）"以及由西南交

通大学出版社承担的"十三五"国家重点出版物出版规划项目"基于数据库建设的中国西南少数民族医药文献抢救与整理丛书"等项目支持开展的丛书中的一部。该书的编写工作主要由贵州黔东南民族医药研究院袁涛忠、贵州中医药大学第一附属医院谭荣以及成都中医药大学张艺等专家和科研人员牵头负责，开展了以贵州为主的西南喀斯特地区民族医药文献的调研、收集工作，走访了贵州中医药大学、贵州黔东南民族医药研究院、湖南湘西民族医药研究所、云南中医药研究院、云南中医药大学、广西中医药大学、重庆市中药研究院、四川省达州宣汉县土家文化研究会等单位，以及西南地区少数民族医药基层医疗机构、贵州省少数民族医药非物质文化遗产展览，并走访贵州凯里、湖南吉首、云南普洱和广西靖西民族民间药市等，初步完成西南喀斯特地区少数民族医药文献目录收集，调研了该区域民族医药古籍文献的历史与沿革。在此基础上，经过几年的努力，共收集了民族医药文献共计231种，其中苗族的45种（手抄3种），侗族的44种（手抄30种），土家族的70种（手抄17种），以及瑶族、布依族、水族、仡佬族、毛南族、彝族等民族医药文献共计72种。

　　本书文献书目的分类，主要依据成书时间划分为古籍文献和现代文献。本书所收载的古籍文献，多是经现代整理后再版后成书或手抄本，原成书年代将在内容中说明。凡一书多名的现象，均选择使用该文献出版名称作为正名，其他名称则在该文献的简介中有介绍。全书主要以中华人民共和国成立以后尤其改革开放后出版的文献为主。医药文献按民族归属，共分为四章，其中一至三章分别为苗族、侗族、土家族医药，第四章为其他民族医药。每章根据民族医药文献的出版时间或抄本年代，分古籍文献和现代文献两节。

　　本书收载的文献名称统一使用汉文和英文注明，每一条书目内容大体按照出版或抄本简介、文献价值和医药文化价值评述等部分组成。若该文献未公开出版，则在简介中标注成书时间。基本内容包括：书名、册数、卷数、页数、著者、出版信息（出版单位、出版年代），古籍则注明成书年代（成书年代不详的未注明），该书目内容概述。书目价值评述则从文献价值、医药价值等方面进行客观评述。

本书虽然尽可能地收集了以贵州省为中心以及邻近省（直辖市、自治区）主要喀斯特地区少数民族的医药文献，但大多以现代文献为主，对一些珍贵的遗散在民间的古籍文献及其抄本的收集整理不足，仍待我们今后继续深入研究。

由于编者水平有限，本书疏漏和不足之处在所难免，敬请各位专家和读者批评指正。同时对吉首大学王建霞老师在本书编写工作中的帮助深表感谢。

张 艺

2023年3月

目 录
Contents

第一部分　苗医药著作

概　述	002
现代文献	003
《苗族抗肿瘤药物集》	003
《苗医小儿推拿学》	004
《苗医临床学》	005
《苗族药物彩色图谱》	006
《苗医病方集》	007
《中国苗医绝技秘法》	008
《苗乡采药习俗与方法》	009
《中国苗药头花蓼》	010
《贵州苗药·兴仁卷》	011
《中国苗族医学》	012
《雷山苗族医药》	014
《苗家整病技法》	016
《苗族常用植物药》	018
《苗医绝技秘法传真》	019
《苗药方剂学》	020
《中国苗医史》	022
《贵州十大苗药研究》	023
《苗医正骨》	024
《苗家实用药方》	025
《苗医药发展史》	027
《苗医基础》	028
《苗药学》	029
《苗药资源学》	030

《苗族药物学》··· 031
《湖北苗药》··· 032
《中华本草·苗药卷彩色图谱》··· 033
《苗族医学》··· 034
《中华本草·苗药卷》··· 036
《苗家养生秘录》·· 037
《风湿病苗药本草荟萃》··· 038
《三本论·苗族生成哲学精髓解析》·· 039
《黔南苗医药》·· 040
《苗族医药开发与临床应用》·· 041
《中国苗族药物彩色图集》··· 042
《贵州苗族医药研究与开发》·· 043
《苗族医药学》·· 044
《苗族生成哲学研究》·· 045
《苗族医药学》·· 047
《湘西苗药汇编》·· 049
《古老话》（一）·· 050
《苗族药物集》·· 052
《湘西苗族实地调查报告》··· 053
《湘西苗药初考》·· 054
《小儿推拿疗法》·· 055

古籍文献·· 056
《苗医古方抄本》·· 056
《万年看病吉凶》·· 057
《看病吉凶科》·· 058

第二部分　侗医药著作

概　述·· 060
现代文献·· 062
《侗族医药文化及侗族药物》·· 062
《草木春秋考释——106岁侗医经验方》··································· 065
《中国侗医药史》·· 069

《中国侗族医药研究》……072
《中国侗族医药》……074
《侗族药物方剂学》……076
《侗乡药膳》……079
《侗药大观》……080
《侗族医药探秘》……082
《侗乡行医五十年》……084
《悬壶侗乡六十载》……085
《侗医吴定元小儿推拿经验》……086
《侗族医学》……087
《侗族常用药物图鉴》……089

古籍文献……091
《正体秘录》……091
《秘传医方》……092
《药品总簿》……093
《玉历医方》……094
《本草医方》（一）……095
《百零八救世奇症仙方四十翻》……096
《医方济世》……098
《救世医方集》……099
《医宗后继》……100
《本草医方》（二）……101
《群方备要》……102
《民间医学验方》……103
《灵丹草药》……104
《二十四惊症》……105
《骨伤医方集》……106
《民用秘方集》……107
《救世医书》……108
《救世药方》……109
《小儿推拿医学》……110
《二十四惊风图解》……111
《药要须知》……112
《民药传书》……113

《小儿痘疹治疗方药》……114
《小儿医方集》……115
《秘方点滴》……116
《秘诀方歌》……117
《草药医名录集》……118
《家用草药集》……119
《侗族医药》……120
《医家垒》……121

第三部分　土家医药著作

概　述……124
现代文献……129
　《土家医药名词术语》……129
　《土家医常见病诊疗指南》……130
　《土家医常见病疗效评价标准》……132
　《土家医药医疗标准》……134
　《土家医常见病护理规范》……135
　《医疗机构处方常用土家药手册》……137
　《土家医医疗技术》……139
　《实用土家族医药》……140
　《土家医康复治疗学》……142
　《实用土家族药物》……144
　《土家医技医法精粹》……146
　《土家族药物概论》……148
　《土家医接骨斗榫疗法技术规范与应用研究》……150
　《土家族传统知识的现代利用与保护研究》……152
　《中国土家族医药学》……154
　《土家医方药精选》……156
　《土家医毒气病学》……158
　《土家医治毒药物集》……160
　《土家医药双语词汇》……162
　《土家医病症诊疗规范》……163

《土家族民间诊疗特色》……………………………………… 165
《中国七药》…………………………………………………… 167
《湘西土家族医药调查与临床研究》………………………… 168
《土家医雷火神针疗法提风疗法技术规范与应用研究》…… 170
《医方守约》…………………………………………………… 171
《秦岭七药》…………………………………………………… 173
《名老土家医周大成医案》…………………………………… 175
《土家族女科》………………………………………………… 177
《土家骨伤科专家田先彩传奇》……………………………… 178
《土家族药物志》……………………………………………… 179
《土家医方剂学》……………………………………………… 181
《谭氏土家伤科本草》………………………………………… 183
《土家族医药》………………………………………………… 185
《土家族医药研究新论》……………………………………… 187
《"神骨田"论文集》………………………………………… 188
《玲珑医鉴》…………………………………………………… 189
《2006土家族医药学术研讨会论文论文集》………………… 192
《土家族医学史》……………………………………………… 193
《土家族医药学概论》………………………………………… 195
《土家族名医黄子均医案精选》……………………………… 196
《土家医方剂理论整理》……………………………………… 198
《土家族民间奇效良方》……………………………………… 200
《医学萃精》…………………………………………………… 201
《土家族医药学》……………………………………………… 203
《湘西常用民族药炮制方法》………………………………… 205
《土家族特殊药物名录》……………………………………… 207
《湘西土家族医药调查与研究》……………………………… 208
《单验方选编》………………………………………………… 209
《单方验方一百一十例》……………………………………… 210
《民族医药验方选编》………………………………………… 211
《鄂西民族药志》（第一册）………………………………… 212
《民族医药资源汇编》………………………………………… 213
《恩施中草药手册》…………………………………………… 214

古籍文献 ·· 215
  四川省宣汉土家族医药祭司象形文字 ·· 215
  三种《七十二症》手抄本 ·· 217
  《南垣医抄》 ·· 218
  《外科百单方》 ··· 219
  《外科必要》 ·· 220
  《针刺与气功》 ··· 221
  《正骨治疗》 ·· 222
  《各方药草》（一） ··· 223
  《急救药方》 ·· 224
  《祖传秘方》 ·· 225
  《草药十四反》 ··· 226
  《草药十三反》 ··· 227
  《草药三十六反》 ·· 228
  《各方药草》（二） ··· 229
  《老祖传秘方》 ··· 230
  《擒拿二十四气》 ·· 231

第四部分　其他民族医药著作

概　述 ··· 234
现代文献 ·· 236
  《湘西地区医疗机构处方常用苗药手册》 ··· 236
  《云南民族药大辞典》 ·· 237
  《中国传统医学比较研究》 ·· 238
  《民族医药临床特色技术与应用（壮瑶苗侗分册）》 ··························· 240
  《仡佬族药物彩色图谱》 ··· 241
  《布依族药物彩色图谱》 ··· 243
  《2011—2015年贵州省中药民族药产业发展报告》 ····························· 244
  《少数民族医药适宜技术选编》（一） ·· 245
  《民族药创新发展路径》 ··· 246
  《中国民族药辞典》 ··· 247

《中国民族医药思想研究》………………………………………………………249
《中国毒性民族药志》…………………………………………………………250
《黔本草》………………………………………………………………………251
《湘西药用植物资源开发与可持续利用》……………………………………252
《民族医特色诊疗技术规范》…………………………………………………253
《张家界地区常用民族药物》…………………………………………………254
《中国民族医药特色诊疗技术年鉴》（2013卷）……………………………255
《民族医药名老专家成才之路》………………………………………………256
《2014中国民族医药大会论文集》……………………………………………257
《民族医药名老专家典型医案集》……………………………………………258
《病有所医的回望——贵州民族医药卫生事业发展历程》…………………259
《中国少数民族有毒药物研究与应用》………………………………………260
《论民族医药医学类型和表达范式的比较研究》……………………………262
《贵州省中药及民族药材质量标准原植（动）物彩色图鉴》………………263
《湖南民族医学史》……………………………………………………………264
《黔东南苗族侗族自治州中医民族医医生名录》（第一集）………………265
《中国少数民族非物质文化遗产教程》………………………………………266
《中国水族医药宝典》…………………………………………………………267
《贵州中草药资源研究》………………………………………………………268
《毛南族医药》…………………………………………………………………270
《中国民族医药散论》…………………………………………………………271
《贵阳市中草药资源》…………………………………………………………272
《湖南民族医药发展史》………………………………………………………274
《湖南世居少数民族医药宝典》………………………………………………275
《中国民族药志要》……………………………………………………………277
《湖南药物志》…………………………………………………………………278
《湘西药用植物概览》…………………………………………………………280
《仡佬族医药》…………………………………………………………………281
《布依族医药》…………………………………………………………………283
《贵州省中药材、民族药材质量标准（2003年版）》………………………284
《中国瑶药学》…………………………………………………………………285
《恩施本草精选》………………………………………………………………286
《全国民族医药专科专病学术研讨会论文选编》……………………………287
《中国少数民族传统医药大系》………………………………………………288

《中国民族药炮制集成》 290
《全国第二届暨广西第五届民族医药学术交流会论文汇编》 292
《瑶医传奇》 293
《水族医药》 294
《中国传统医学大系·传统疗法大成》 295
《中国民族医药外治大全》 297
《民族传统医药》 298
《贵州彝族民间传统医药》 299
《彝族祖传食疗验方二百例》 300
《广西民族医药验方汇编》 301
《贵州中药资源》 302
《奇效良方集成》 304
《贵州彝族医药验方选编》 305
《贵州珍稀濒危植物》 306
《贵州中草药名录》 308
《湘西州中草药资源报告集》 309
《民族医药验方选编》 310
《中国民族药志》（第一卷） 311
《贵州民族调查》 312
《湖南药物志》（第三辑） 314
《贵州民间方药集》 315
《中国传统医药概览》 316
《贵州药用植物目录》 317
《湖南药物志》（第二辑） 318
《贵州草药》 319
《湖南药物志》（第一辑） 320
《贵州省中草药接骨验方选》 321
《贵州省中医验方秘方》 322

第一部分 苗医药著作

概 述

苗族是一个具有悠久历史的民族,其人口众多,在我国贵州、云南、四川、重庆等省、直辖市均有分布。苗医药是苗族人民在长期与疾病做斗争的过程中总结出来的智慧结晶,它是苗族人民物质、精神及文化的长期传承,展现了苗族独有的文化精神和民族智慧,对我国医药事业的发展具有积极的作用。

苗医药的发展历史源远流长,尽管苗族本身只有语言没有文字,但早在一些古籍中就有关于"苗父"的记述,意为"上古医者"。在《神农本草经》中以苗语记音的药物达1/3左右,在《本草纲目》中也有40多味药是用苗语记音的。苗医药兼具地域性、科学性和文化性,具有鲜明的民族特色和疗效独特的、完善的医药理论体系,其基本理论体系包括生成学理论、经纲症候理论、三界学说、交环理论、四大筋脉学说等。如今,苗医药在现代化发展的道路上突飞猛进,结合现代科学研究技术,已经形成了较为完善的、规模上百亿的医药产业,成为我国民族医药发展中最为成熟的产业之一,其中尤以贵州的苗医药产业发展最为成熟和迅速。

本章收录了44本苗医药现代文献和3本苗医药古籍文献,旨在对苗医药文献进行梳理,厘清苗医药文献的发展现状。在对苗医药文献的发掘和整理中,我们发现目前苗医药的著作以基础理论、医学专著、苗药专著等为主,存在以下几个不足:一是尽管贵州等地出版了一些苗药材的质量标准,但是上升到国家标准的苗药仍然数量不多;二是部分苗医药专著出版时间较早,没有以现在国际公认的标准明确药物基原和拉丁语名称等,同时缺乏苗语的标注,导致在实际运用中存在一定的困难;三是大部分苗医药专著虽然涉及了一些苗族的传统文化,但是二者的结合不够深入,无法深刻体现苗医药文化的特点、文化内涵、发展现状及文化传承,还需要进一步深入地进行相关性研究和传承。这些不足,还待在以后的苗医药研究中进一步完善和提高。

◆ 现代文献

《苗族抗肿瘤药物集》
Anti-Tumor Drug Collection of Miao Nationality

唐东昕、龙奉玺主编。中国中医药出版社2020年出版，1册，384页。该书是作者对国家中医药管理局组织编写的《中华本草·苗药卷》进行整理检索编著而成，是一本专门介绍苗族抗肿瘤药物的专著。

文献价值：

该书主要记载了明确具有抗肿瘤作用的苗族常用药物，是作者在国家中医药管理局组织编写的《中华本草·苗药卷》基础上收集整理的，对关键词进行筛查，对筛查出的药物进行文献查询，确定药物的抗肿瘤作用后编著而成。该书适合相关临床、科研、教学人员阅读参考。

医药价值：

全书共分为两章，第一章为苗族医学与肿瘤相关理论，包含了生成学理论、三界学说、"经纲症疾"、四大筋脉学说，肿瘤疾病病机病因、诊断与治则治法及疾病特点和防治；第二章为苗族抗肿瘤药物介绍，共收载苗族抗肿瘤药物133种，分别对苗药的苗族药名、品种来源、化学成分、作为中药的性味归经及功效、苗药作用、现代药理、常治肿瘤、科学研究、用法用量及注意事项都做了详细介绍，并且每一味药都保留了其作为苗药的古文献及主治疾病的记载，同时结合传统中药学所具有的性味归经，分析其中药渊源，将其历代论述及现代抗肿瘤机制列入其中。该书同时列出常用肿瘤推荐，使读者能清晰地了解药物适用的肿瘤，结合使用注意，对于临床肿瘤医师具有极大的参考价值。同时做到来源清楚，引述有据，品种的选择准确而有特色，将苗药的传统应用结合现代研究，药理药化的研究资料既广且新，对苗药抗肿瘤药物的研究和开发利用起到了重要的指导作用。

《苗医小儿推拿学》

Pediatric Massage of Miao Medicine

李中正、贾元斌、刘盈盈主编。西南交通大学出版社2018年出版，1册，307页。

文献价值：

《苗医小儿推拿学》是目前我国首部以苗医冠名的小儿推拿学术专著，将刘开运先生所创立的小儿推拿学思想贯穿全书，通篇流淌着苗医药文化血液，又突出了湘西刘氏小儿推拿的民族地域特色、学术特色。该书的出版有利于苗医小儿推拿技术的推介，推动苗医药文化的发掘，让更多的人了解苗医药文化，传承与应用苗医药，享受苗医药的成果。

文化和医药价值：

1. 兼具医药和文化特色

该书为湖南吉首大学通识课教材。吉首大学申报的"湘西刘氏小儿推拿"入选湖南省第四批省级非物质文化遗产代表性项目名录，该书在医药和文化方面都极具特色。

2. 图文并茂，实用性强

作者充分介绍了苗医小儿推拿的特色、原理、发展传承，并结合自己的从医和教学实践，对苗医小儿推拿的基础知识、小儿推拿手法、小儿推拿特定位，以及夜啼、自汗、盗汗、厌食、便秘等亚健康的保健以及日常保健技术进行了详细介绍，对刘氏小儿推拿学的发展具有传承和指导作用。全书图文并茂，并根据作者的从医实践拍摄了教学视频，通俗易懂，易学易练，对于提高大学生的综合素质和技能具有较好的帮助作用。

《苗医临床学》
Miao Ethnic Clinical Medicine

贵阳中医学院《苗医临床学》编委会主编，贵阳中医学院2018年编印的内部教材，1册，546页。

文献价值：

该书分总论和各论两部分内容，其中总论部分介绍了苗医基础理论，包括病因病机、诊断方法、疾病的分类和命名、疾病的预防等，各论按内科、外科、妇科、儿科、五官科等分类对各种疾病的概述、成因、病由、诊查要点、鉴别诊断、病症分类辨治等进行了介绍。各病症和药物使用苗语音译注明，便于理解和学习，是一本供中医、苗医本科生学习的专业类教材，同时也可供苗医药研究和爱好者入门使用。

医药价值：

该书按照内科、外科、妇科、儿科、五官科等对临床疾病进行分类，详细讲解了苗医理论和防病治病的内容，汉语注明病症和药物名字，简明扼要，是学习苗医学，使苗医学走向课堂的系统化教材，对于苗医药的传承和发展具有重要意义。

《苗族药物彩色图谱》
Color Atlas of Miao Medicine

张敬杰、邹娟主编。贵州科技出版社2017年出版,1册,363页。

文献价值:

本书是在参考《苗族常用植物药》《布依族医药》《仡佬族医药》《水族医药》和《侗族医药》的基础上编写的,其目的一是弘扬民族文化,加快民族医药事业的发展;二是揭开贵州少数民族地区原生态的神秘面纱,彰显贵州民族药材资源的丰富性和多样性;三是加强各少数民族之间的交流与合作,传递党和政府对少数民族的尊重和关怀,更好地促进各民族之间的大团结。

医药价值:

1. 内容完善

该书在《苗族常用植物药》的基础上做了内容的完善和物种的增补,内容方面新加入了"植物(动物、矿物、真菌)形态""生境与分布""采集加工""用法用量"等几项;物种方面增加了30种植物药、17种动物药、4种矿物药。该书共收载药物340种、图片341幅,并在书后附有拉丁文名索引和苗族药名、近似汉译音及中文名对照索引等。

2. 图文并茂,实用性强

该书增加了彩色图片和民族药品种。编写人员深入深山田野、村寨地头,走访各少数民族民间医生,在充分进行民族医药调研后,将口传的珍贵的各民族的用药经验、用药特点、加工方法、药性理论以文字记载的形式进行了及时的挖掘和保存。该书对苗医药物抢救性的继承、系统性的整理和分析研究可为其他民族医药的开发提供参考。

《苗医病方集》

Collections of Miao Medical Prescription

陆科闵、王福荣主编。贵州科技出版社2016年出版，1册，277页。该书是作者历经15年在深入苗族边远山区调查、归纳、研究基础上，结合临床经验编写而成，是一部集苗族医学核心理论及辨证论治思想的苗族医学专著。

文献价值：

该书记录和系统总结了近15年贵州省黔东南苗族侗族自治州的苗族医药临床诊断、治疗经验。该书以记录验方味数少、疗效确切的苗族验方为特色，是在苗族医药《苗族药物集》《苗药方剂学》等系列专著基础上的提炼和创新，弥补了苗族验方研究上的某些不足。

医药价值：

1. 首次总结并提炼了苗族医药的核心理论

该书总论介绍了苗族医药发展史和苗族医学学术思想及核心理论，第一次提出苗族医学核心理论，即以"两纲、五经"为指导，从"气、血、水"角度解释疾病病理。

2. 体例完整，内容全面

各论部分按照"以病为纲、以病统方"的体例编写，分别按照内、外、妇、儿等科别进行阐述，载入验方近800个，且验方味数少（每个验方配伍药物均在7味以内），疗效确切。该书是一部具有苗族医学核心思想，并将其融入辨证论治中，集预防、诊断、治疗、方剂、药物为一体的苗族医学专著，对于发展苗医药产业具有积极的推动和促进作用。

注：

该书未标注所涉及药物的拉丁名，在实际运用中易混淆。

《中国苗医绝技秘法》

The Unique Medical Treatments of Miao Medicine in China

杜江、邓永汉、杨惠杰编著。贵州科技出版社2014年出版，1册，240页。该书是作者在长期的苗医药调查工作中，对许多治疗方法亲身感受或亲眼所见或根据调查情况整理而成的，是对苗医的绝技、秘法进行总结的一部著作。

文献价值：

该书记载了苗族民间的特殊治疗方法和世代相传的医学绝技、秘法，是一本记录中国苗医绝技、秘法的专著。全书以"苗族医药理论的系统研究"项目后续工作为基础，调查走访300余名苗医，对许多治疗方法进行现场考证后整理而成，使中国苗医绝技、秘法得到了记录与保存，为后人研究和继承发展提供了翔实的素材。

文化和医药价值：

1. 重点突出，内容详尽

该书共分为六章，包括苗医绝技、秘法内涵和应用的概述、30种苗医特色外治秘技疗法、26种苗医常用外治秘技法、9种苗家奇技的揭秘、7种苗家秘传治心术、苗医解毒法举要等。该书除对以前曾有记载的治疗方法加以系统完善整理外，许多治疗方法都是首次记录和整理。并将其按照特色外治秘技、常用外治秘技、奇技解密、治心术实录、解毒法等进行分类，对每种方法又按方法简介、致病原理、操作方法、主治病症、注意事项及相关介绍进行梳理。

2. 兼具文化和医药特色

该书是对苗医绝技、秘法的一次较系统的总结，有利于本民族传统医学秘技的记录与保存和更进一步的传承与发展，也有利于民族文化的传承。

《苗乡采药习俗与方法》

The Custom and Methods of Herb Gathering in Miao Nationality

滕建甲、黄爱辉编著。中医古籍出版社2014年出版，1册，236页。该书是作者对家乡的苗药采集习俗与方法进行较为系统的收集、整理并结合本人思考和研究而成，真实记录了湘西苗家识药、用药、采药习俗、苗药典故与传说、采药方法、苗药加工炮制、采药禁忌等有关苗药采集与应用方面的内容，反映了苗族医药文化的特色，是少有的关于民族药采药习俗和方法的专著。

文献价值：

该书真实记述了我国湖南省湘西苗族地区采集苗药的习俗和方法，对苗家采药习俗、民间药文化流传故事和具体采药方法以及加工炮制等均有记载，是目前苗医药相关著作中唯一反映苗医药物采集方面的书籍，兼具苗医药自然科学属性和文化特色，对指导广大苗医药人员的用药实践具有重要作用。

文化和医药价值：

该书着重记载了采药实践经验和相关苗医药文化特色，具体内容有：①苗乡采药的传说；②苗乡采药的习俗，包括采药的种类，采药前和采药过程中的"敬神""看山火"，采药过程中常用口诀，采药禁忌，以及拜师、认路、占场等；③采药前的准备；④采药中意外情况的处理措施；⑤四季采药品种；⑥采药纪实；⑦部分苗药采集经验；⑧苗药加工的习俗和方法；⑨有毒苗药，包括其分类、品种及中毒原因和解救；⑩常用苗药。

注：

该书偏重介绍苗医药文化特色，在药材的介绍中缺乏对物种基源的确认和介绍以及苗语音译名称。

《中国苗药头花蓼》

Herba Polygoni Capitati: a Kind of Miao Medicine in China

梁斌、张丽艳、冉懋雄主编，中国中医药出版社2014年出版，1册，446页。该书根据国家科学技术部十一五科技支持计划项目和贵州省科学技术重大专项的成果编写而成。

文献价值：

该书分为上、下两篇。上篇为规范种植研究篇；下篇为研究开发利用篇。上篇按照《中药材生产质量管理规范（GAP）》规定要求，对特色苗药头花蓼的植物来源、药用历史、资源调查、生物学特性、种植关键技术、GAP基地建设、合理采收与初加工、合理包装与储运，以及头花蓼药材质量标准提升与指纹图谱研究、标准操作规程（SOP）研究制订和生产管理、质量管理及文件管理等研究成果进行较为全面论述。下篇以头花蓼药材为主药的制剂如"热淋清颗粒"系列产品为重点，结合其化学、药理学、临床应用及成效等研究成果进行了介绍，并对其科技开发与市场前景等加以分析展望。书末附有中药材GAP法规、苗族医药与非物质文化遗产保护及有关中药材规范化种植技术等资料。该书内容丰富，资料翔实，适于中药材规范化生产、GAP基地建设、中药及民族药研发和生产经营管理等人员阅读使用，可供从事中药及民族药资源开发、规范化种植、成药生产、质检、科研、教学等有关人员参考，也可供中药材生产人员及GAP培训人员和中医药院校师生参考使用。

医药价值：

该书系统地对苗药头花蓼的品种来源、资源、质量分析、种植加工等进行叙述。通过头花蓼制剂"热淋清颗粒"的开发利用为例，系统阐述了头花蓼的研究前景，为其他民族医药的质量提升和产品开发提供了参考。

《贵州苗药·兴仁卷》
Miao Medicine of Xing ren Volume

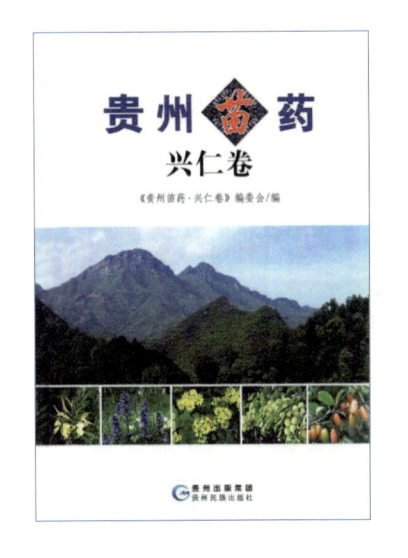

《贵州苗药·兴仁卷》编委会编写，王学文主编。贵州民族出版社2013年出版，1册，500页。该书历时近30年编纂而成，是真实反映贵州兴仁苗族医药活动的文献资料。

文献价值：

该书记载了1984—2011年由贵州省兴仁县苗药研究中心牵头，对贵州兴仁地区的苗药进行调查研究的成果，记录了中华人民共和国成立以来兴仁苗药实践研究的科学成果。对了解兴仁地区的苗药发展具有重要意义，对其他地区的苗药研究具有参考作用。

医药价值：

1. 内容丰富，记载规范

该书共收载兴仁常用苗药植物类375种、动物药43种、菌类药7种、金石药2种，共429种，并采集标本，绘拍彩色图谱。书中按药名笔画顺序进行编目，介绍了各药物的药名、来源、形态、性能、功用等。

2. 总结了苗药毒性药物和解救方法

该书的一大特点是对50余种具有毒性的苗药的毒性反应和解救方法进行了总结，提高了苗药用药的安全系数，对患者、医疗工作者和中草药爱好者特别是苗药爱好者具有参考价值。

《中国苗族医学》

Medicine of Miao Nationality in China

田兴秀著。贵州科技出版社2013年出版，1册，509页。该书是作者历经50年将苗族民间传统医学精华和现代医学知识相结合的研究成果，是一部较为全面介绍苗族医药的医学专著。

文献价值：

该书是作者历经50年（1956年夏—2006年夏）研究苗医的成果，该书以苗族民间传统医学精华为基础，结合现代医学知识，从病症治法到方剂再到苗族药物，对苗族医学进行了较为完整细致的记录。书中创新性地将"三本一体""一分为三"的新哲学指导理论运用于苗医药的阐述，为培养新型苗医高技能人才提供基本教材。

文化和医药价值：

1. 收录完善，内容详尽

全书共五篇及一附篇，第一篇为苗族医学基础，第二篇为病症治疗学，第三篇为方剂学，第四篇为苗药学简述，第五篇为该书苗药实名考。附篇有方剂索引（526个方剂）、药名索引（药名3 486个）、病症索引（病症1 133个）。叙及1 848种病症治法（详论920种）、载方剂2 550首（其中理论方526首、验方2 024首）、述药1 270种（其中苗语名1 282个，皆标有注音）。

2. 体现苗族生成哲学，兼具文化特色

该书以苗族生成哲学"三本论"哲理通贯始末，把人类认识论由对立统一的一分为二深化到能量、物质、结构的一分为三，增补了新的辩证法和方法论，对于中国苗族医学发展、医药研究及民族文化传承有现实意义。《中国苗族医学》的出版，标志着散存在民间数千年的、仅靠口传身授的苗族医学从哲学到生灵学、人体学、生病学、看病（诊病）学、苗药学、方剂学、整病学、临床治疗学、防病学等各科形成了较完善的体系，这在苗族医学史上是一巨大的进步。

《雷山苗族医药》

Medicine and Pharmacy of Miao Minorities in Lei shan

雷山县苗学研究会和中国民博苗族文化雷山研究中心编写，杨耀奎主编。中国文化出版社2011年出版，1册，410页。该书是真实反映迄今仍活跃在雷山苗族民间的苗族医药活动的文献资料。

文献价值：

该书记录了2010—2011年由雷山县人民政府组织、雷山县苗学会具体实施的对全县各乡镇苗族医药的调查研究结果。这次调查是一次全县苗医们奉献出来的祖传秘方、验方的集合，大致地记述了雷山苗族医药的源流情况，选录了苗医们常用的部分苗药以及苗医们奉献出来的祖传秘方和临床宝贵验方，也介绍了一部分在当地比较知名的苗医的医事业绩。该书是雷山县第一部依据苗族民间医口述的医药知识，并结合现代医药知识加以整理、总结、提高，用汉语和苗语双语记载的有历史意义和研究价值的地方性苗族医药知识专著。

文化和医药价值：

1. 内容丰富，记载翔实

该书所记载的苗族医药知识，主要包括109个苗医病症名词术语、151个苗药名称、271个苗医医方和验方，并对雷山苗族关于疾病的致病因素、疾病的命名、治疗疾病的方法、苗药的命名、苗药的采集、苗药剂型和苗药验方等做了简略叙述。

2. 双语标注，兼具文化特色

该书用苗语黔东南方言（少数用苗语雷山方言）记录了109个苗医病症名词

术语和151个苗药名称。其内容体现出苗族传统文化属性，反映出当地苗医对疾病、药物的认知以及在医治疾病中的思维方式和所掌握的苗族植物学、动物学知识。该书具有苗族医药及苗族医药文化的真实性、传承性特点，具有历史价值、医疗应用价值、创新药物研发的指导性价值。

注：

1958年7月雷山县人民政府曾召开全县民族医代表会议，45名民族民间医生献出祖传苗药药方（据称共有秘方353个，油印装订成册，但已失落，知情的老人已逝）。

《苗家整病技法》
Medical Treatment Techniques of Miao Nationality

滕建甲、黄爱辉编著。中医古籍出版社2011年出版，1册，493页。

文献价值：

此书为苗医腾建甲医生的第三本著作，为苗医学专著。腾建甲医生行医40余年来，一直致力于苗医药的临床工作，从医疗实践中积累了丰富的临床经验。工作之余，他深入苗家搜集整理原汁原味的草根医药文化，系统地整理苗家整病的理论和方法。所谓"整病"，系湘西苗家用语，即为人治病之意。苗医"整病"内容丰富，包括整病理论、方法和技术，独具苗族医学特色，大致可分为内治法、外治法及奇治法三大类，是苗族医药学的重要组成部分。

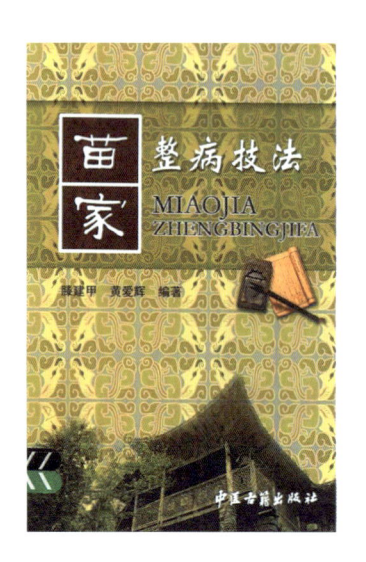

文化和医药价值：

1. 收录完整，重点突出

该书中详细介绍了苗医整病的传统理念、传统习俗，苗家传统的病因认知方法、疾病命名方法，苗家整病的传统措施与方法、药物剂型及使用方法，苗家常用内服药的使用方法，苗家内治疗法，苗家外治措施及方法，以及苗家特殊的整病措施与方法，如苗家整病"神解法""苗家熬病方法"。

2. 极具苗族文化特色

苗族医药文化是苗族优秀的传统文化的一部分。苗族医药因受到本民族宗教信仰的影响，很多传统理念、认知方法具有明显的民族特色和地方特色。而这些宗教信仰、传统理念以及对事物的认知方法，又与其长期生活、生产的地域有着明显的联系，如环境险恶、物质匮乏、交通闭塞、多次迁徙等。苗医创造了很多适合本地条件的医疗理论和经验，保留了很多原始的、神秘的整病方法。此书将流传苗乡千百年的诊病经验总结成为我国第一部以整病为专题的苗医专著，值得苗医药研究工作者及相关爱好者学习、参考。

《苗族常用植物药》

Commonly Used Plant Medicines of Miao

张敬杰、罗迎春主编。贵州科技出版社2010年出版，1册，342页。

文献价值：

《苗族常用植物药》由贵阳中医学院和贵州省民委共同组织编纂。为研究、开发和利用贵州省少数民族特别是苗族地区丰富的药用植物资源，为该省中药、民族药产业化的发展，提供了科学数据。

医药价值：

该书收载药物289种（图片289幅），系统介绍了苗族民间常用的植物药，图文并茂，清楚明了。对增进各民族之间的团结、丰富少数民族医药文化和调整贫困山区经济产业的结构，均有很大的促进作用。

《苗医绝技秘法传真》

Collection of Unique Skills and Secrets of Miao Medicine

杜江、邓永汉、杨惠杰编著。贵州科技出版社2010年出版，1册，210页。

文献价值：

该书是贵阳中医学院杜江教授等承担的科研项目"苗医药理论的系统研究"的后续工作成果，旨在对深藏于苗族民间的特殊治疗方法（以外治疗法为主），世代相传的医学绝技、秘法进行深入的调查、挖掘和系统整理，把神秘的苗医绝技、秘法系统展现于世。

文化和医药价值：

1. 内容更丰富和完善

该书除对此前曾有记录的治疗方法加以系统完善，使之更具有实用性以外，许多治疗方法都是首次记录和整理的，并将其按特色疗法、秘技奇法、常用外治法、治心奇法、解毒法为大类进行分类，各类中每种方法又按方法简介、治病原理、操作方法、主治病症、注意事项及相关介绍等进行梳理。

2. 真实记载，极具文化特色

《苗医绝技秘法传真》是一首传唱至今的千年古歌，记述着苗族与疾病抗争和勇于探索、勇于创造的历史。苗族医药是一幅引人入胜的灿烂长卷，是民间医学传奇故事的不竭源泉；苗医药是一个广泛的客观实在，她既广泛存在于苗疆的日常生活之中，又以医的"医技特殊、离奇多样，其功尤著"，以药的"其名诡异，非方书所载，取效甚捷"的神秘形象流传于世。

《苗药方剂学》

Formulaology of Miao Nationalities Drugs

陆科闵、陆彝中著。贵州科技出版社2009年出版，1册，539页。该书是作者历时14年，通过对苗族地区苗医药使用情况大面积的调查、整理、研究而成。该书重点是搜集组方、附方、用法、属经、治则、主治、方解等，是关于苗族医药方剂的一部专著。

文献价值：

该书以苗族民间口传的苗族医药经验、医方为依据，在苗医医药思想的基础上，以科学方法论为指导，以方剂为研究对象，衔接苗族医药和现代生命科学，是继《苗族药物集》《苗族医药学》《苗族医学》等系列苗医药著作后，对苗族医药方剂知识进行整理和补充的一本著作。该书对苗医药方剂学学科的发展具有明显的促进作用，对于弘扬苗族民族文化、促进民族医药发展具有重要意义。

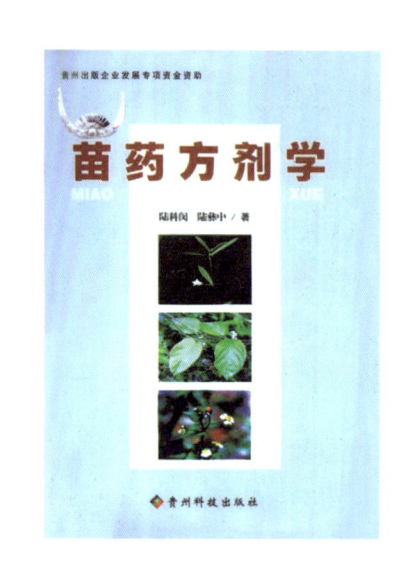

医药价值：

1. 苗医方剂的记载较为全面和科学

该书包括上篇总论（共九章）、下篇各论（共十六章）两大部分，上篇简述了苗族医药，论述了苗医方剂的形成与发展、方剂与治法、苗医方剂的组成、苗医方剂的剂量、苗医方剂的炮制、苗药命名原则等；下篇共十六章，记录方剂1 809个，包括组方、附方、用法、属经、治则、主治、方解等方面。并试用现代药理学知识对某些苗医方剂的组方进行分析，反映出苗医方剂配伍的科学性。

2. 双语标注，分类合理

该书以苗医传统用药为指导，按两纲、五经理论，以及气、血、水机理和风、寒、暑、湿、热病因病机进行分类。全书采用苗文、苗语和汉语译注，既有丰富的民族著作特色，又富有深刻的医学哲理，对研究苗族医药具有较高的参考价值。

《中国苗医史》

History of Miao Medicine in China

田华咏、杜江主编。中医古籍出版社2008年出版，1册，322页。该书是编写组历时4年之久数次深入苗族地区调查，并查阅相关的馆史资料，收集地上地下有关苗族医药文物等，在综合整理文献资料的基础上编写完成的。

文献价值：

该书系苗医药历史文献和田野调查相结合的研究成果，由湖南省湘西自治州民族医药研究所、贵州省贵阳中医学院（现贵州中医药大学）共同编纂，编写组深入苗族地区调查和查阅相关的馆史资料后编写的综合性著作。该书不仅记录了苗医古代发展史，还收录了现代苗医药的研究成果和记录了一批苗医药传人，对全面而系统地了解苗医苗药的发展历史具有重要意义。

文化和医药价值：

1. 收录周期长，内容详细

全书共分为十一章，分别记述了苗族概况、古代苗族医药发展史、近代苗族医药发展史概况、苗族医药文化、著名苗族医学专家简介、苗医著作简介、苗医学术论文等，重点描写了苗医药现代发展史。

2. 史实结合，极具文化特色

全书坚持以史为证、史实结合、略古详今的原则，将苗医药古今医疗、药物、保健等事实作为史料写入各章节中，同时展示了现代苗族医药发展成就。该书对我国苗族医药历史研究起到了重要的引领作用，有利于苗族医药文化的传承。

《贵州十大苗药研究》
Study on Top Ten Miao Medicines in Guizhou

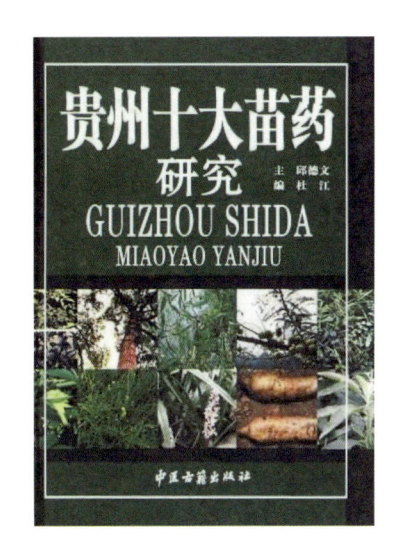

邱德文、杜江主编。中医古籍出版社2008年出版，1册，730页。

文献价值：

《贵州十大苗药研究》的作者在"苗药的开发应用及前景展望"中提出苗药研究发展的三大思路：一是强苗药基础理论研究，努力争取国家中医药管理局的支持，编撰《中华本草·苗药卷》，并以此为苗医药基础理论的标志性成果，以引起医药界的重视，以提高苗医药的社会地位。二是开发研究苗药，选择十个具有代表性的苗药品种，从基源调查做起，高水平地做好化学成分研究、药效学研究、制剂学研究，并在新剂型、新产品等方面摸索出一套苗药研究开发的模式，促进对苗药的研究与开发。三是组建苗药集团。该书的出版，作为三大思路的第二步，是一本记录苗药发展模式的重要参考书，可供广大苗药研究开发人员使用和参考。

医药价值：

1. 重点突出，极具民族特色

该书对十种苗药——米槁、余柑子、金铁锁、黑骨藤、吴茱萸、吉祥草、飞龙掌血、双肾草、艾纳香、天麻进行系统深入研究，分别从本草学、基础研究、开发应用三个方面进行论述，为贵州苗药的开发提供了参考。

2. 内容丰富，兼具传统与现代研究

本草学主要从基源、品种、生态、资源、生药学等方面进行研究；基础研究主要从化学成分、药理学、药剂学等方面进行研究；开发应用主要围绕新产品的研制及研究生培养等方面进行，期望通过十种苗药的开发利用模式，促进苗药的发展，达到出成果、出人才的目的。

《苗医正骨》
Bone-Knitting of Miao Medicine

张东海、田华咏主编。中医古籍出版社2007年出版，1册，280页。该书是对我国湖南湘西一带地区苗医治疗骨伤疾病的临床应用经验总结和对正骨学术的系统整理。书中主要记载了湘西苗医正骨手法及骨伤治疗用苗药，其中有3种具有代表性的苗医正骨手法：张氏正骨法、龙氏正骨法、黔东南苗医正骨法，并且在整理正骨学术和临床应用研究的基础上研究了大量骨折病例，以探讨骨折发生与治疗的规律。

文献价值：

该书是在科研项目"苗医正骨手法与柏林接骨散治疗骨伤疾病的临床研究"成果的基础上，以苗医正骨及临床应用为主题的苗医正骨学术专著。该书主要依托湖南省湘西土家族苗族自治州龙山县红十字会民族骨伤科医院的正骨临床资料，总结了龙山县的苗医临床和学术经验，其中又以张东海苗医祖传正骨手法和柏林接骨散作为代表。

医药价值：

1. 针对性强，同时记载了正骨手法和骨伤治疗方剂

该书记载了3种苗医正骨手法：湘西张氏正骨手法（包括六大步骤和十大技巧）、龙氏正骨法、黔东南苗医正骨法，同时对张氏祖传治疗骨伤疾病的"柏林接骨散"的药物组成、功效主治等都作了较为详细的介绍。此外，还介绍了贵州骨伤科苗药制剂14种、民间方药566首、治疗骨伤苗药211种，并对近万例骨折病例进行了流行病学分析。

2. 图文并茂，双语标注，临床指导性强

该书图文并茂，配有张氏正骨手法及临床资料的照片，苗医药术语使用花垣、吉首苗语作为译音，对祖传苗医正骨手法的传承和发展具有较高的学术研究价值。

《苗家实用药方》

Practical Prescriptions of Miao Nationality

滕建甲、黄爱辉编著。中医古籍出版社2007年出版，1册，562页。由于历史的原因，曾经大多数苗方无药方名，每一个苗方又大多无固定药味，且方中药物名称各地不尽相同，缺少较权威的、准确的苗方研究著作。该书是作者根据自己多年对苗族医药学的调查、整理、研究的一些心得总结而成。该书专门介绍苗家医药人员和苗乡人民在平时生产、生活中常用的单方、验方，以及少数有名的成方，是一部以苗家常用药方为主的比较权威的研究著作。

文献价值：

该书主要记载了湖南大湘西地区苗家医药人员、苗族同胞以及云南、贵州、广西等地区的部分苗族药方。该书的特色在于提供了苗医药方的原生态资源，对苗医药知识、风土人情、民族文化均有介绍，为苗医药的进一步研究和发展提供了基础。该书是在大湘西地区苗族民间医生口述药方的基础上，结合现代医药知识重新进行编目、计量的苗族药方专著。

文化和医药价值：

1. **内容来自民间，极具实践价值**

该书的主要内容共分为五卷及附录，其中五卷的内容是根据苗族医药传统方法而编写的，包含三十六部、三十六证、三十六病、三十六杂症、苗家独特方药；附录分为五个部分：草药性，饮食物药性，《民间草药验方诗》，常用苗药别名录367味，传统的苗医经、疾、痧、惊症目录。该书可为调查和研究其他苗族同胞居住地区的苗医药方提供参考。

2. 兼具苗族文化特色

该书对苗族医药知识、风土人情均有介绍,弘扬了民族文化,为后续关于苗医在诊断、治疗方法等其他方面的研究提供一定的支撑材料。

《苗医药发展史》

The History of Miao Medicine

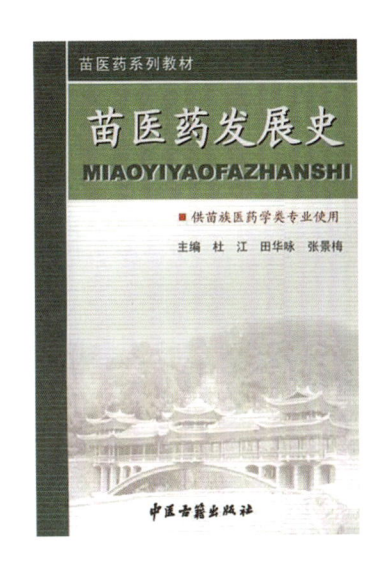

杜江、田华咏、张景梅主编。中医古籍出版社2007年出版，1册，111页。《苗医药发展史》一书，由贵阳中医学院杜江教授、湘西自治州民族医药研究所田华咏所长、贵阳中医学院张景梅教授共同主编，作为贵阳中医学院苗族医药学类专业使用的苗医药系列教材之一。

文献价值：

该书是在贵州省民族宗教事务委员会的大力支持和湘西民族医药研究所的牵头下，参阅各苗族地区的地方志和权威的内部编印资料，并从各地大量的传说和苗族古歌中探索有关苗医药的历史遗迹，进而记载和汇集成为苗族医药发展的历史主线。该书是专门为苗族医药学类专业编写的苗医药系列教材之一。苗族医药进入高校课堂是苗族发展史上的一件盛事。

医药价值：

全书共分为七章，分别对苗族简况、苗族医药发展概况、原始苗族医药、古代苗族医药、近代苗族医药发展简况、现代苗族医药发展简况、中国苗族医药特点进行详细介绍。该书体现了党的民族政策，也意味着苗族医药发展到了一个新的阶段，对苗族医药的现代化进程具有较大的推动作用。

《苗医基础》

The fundamentals of Miao Medicine

杜江、张景梅主编。中医古籍出版社2007年出版，1册，294页。该书为贵阳中医学院苗医药系列教材之一。

文献价值：

该书主要记载了贵州省中药现代化重点项目"苗医药理论的系统研究"的成果，该书是在贵州省科技厅、贵州省民族宗教事务委员会的大力支持和湘西民族医药研究所、黔南民族医药研究所的鼎力加盟，以及杨培德先生等专家、相关人员的帮助下完成的。该书是专门为贵阳中医学院苗医药类专业编写的苗医药系列教材之一，旨在让学生了解和掌握苗医基础知识。

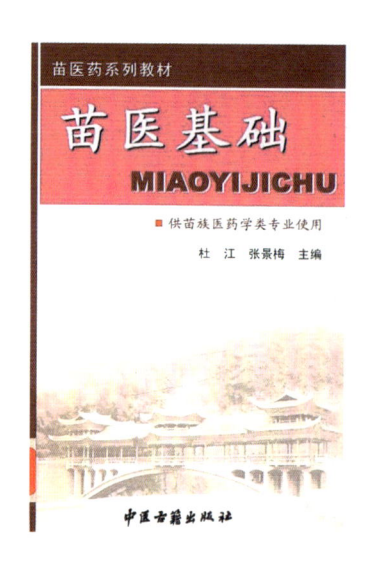

医药价值：

全书由五章组成。系统地介绍了苗医基础理论、疾病的诊断方法、疾病的治疗原则、苗医传统疾病的分类与证治以及苗医组方特点等内容。苗族医药进入高校课堂是苗族发展史上的一件盛事，体现了党的民族政策，对苗族医药学的发展具有重要意义。

《苗药学》
Miao Pharmacy

田振华、杜江、邓永翰主编。中医古籍出版社2007年出版，1册，393页。

文献价值：

该书是根据贵阳中医学院开设的苗医药专业的教学要求编写的高等本科教育系列教材之一，同时也是一部较为系统地介绍苗药学理论的专著。适合苗医药专业及相关专业的教师、学生使用，也可作为民族医药工作者进行科学研究的参考资料。

医药价值：

该书分总论、各论两部分。总论部分介绍苗药学的发展概况、苗药的命名方法、苗药的分类、苗药的采集与加工、苗药的药性理论、苗族用药特点与用药习惯、苗族用药禁忌与药性歌等苗药学基本理论知识。各论部分共收载常用苗药150种，按苗药的功效分为治毒药、通散药、补体药、止咳化痰平喘药、治伤药、健胃帮交环药以及其他类共七章进行介绍。每一章先介绍该章药物的概念、功效、适应范围、分类等内容，对每味药以学名、苗药名、异名、俗名、来源、药性与属经、质征、走关与入架、功能、临床应用、附方、用法用量、使用注意、参考资料（包括植物形态特征、化学成分、药理研究等）、附药、附注等项进行较为系统的论述，为苗药的系统学习和规范化教学起到了重要推动作用。

《苗药资源学》

Resource Science of Miao Medicine

胡成刚主编。中医古籍出版社2007年出版，1册，504页。该书为贵阳中医学院苗医系列教材之一，是一部较为系统地介绍苗药资源的专著。

文献价值：

该书为贵阳中医学院苗医系列教材之一，是一部较为系统地介绍苗药资源的专著。该书从苗药基本情况、苗药资源的特征、化学资源、资源分布、资源调查、资源的开发与利用、苗药各论、苗药资源调查应用的现代技术等多个方面进行了阐述。

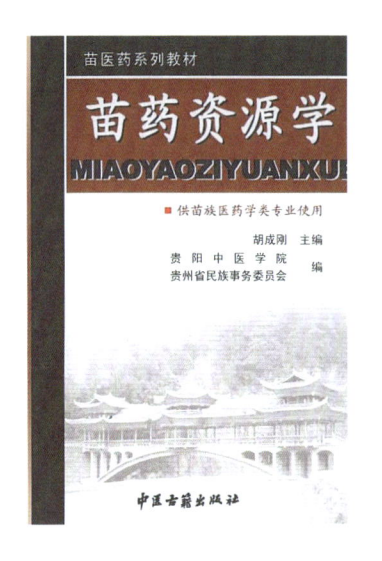

医药价值：

1. 收录全面，内容丰富

全书约40万字，共分为十章：第一章绪论；第二章苗药资源的特性；第三章苗药化学资源；第四章苗药资源分布概况；第五章苗药资源的调查研究；第六章苗药资源的评价；第七章苗药资源的开发和利用；第八章苗药资源保护与更新；第九章苗药各论，对苗药中使用的具有代表性的四十种植物药、七种动物药、三种矿物药进行了详细介绍；第十章资源调查中应用的现代技术简介。这些内容为全面掌握和开发苗药资源奠定了基础。

2. 符合规范，快速索引

书后附有主要参考资料及苗药中文名、拉丁名索引。它既可以作为教材供中医院校苗医药专业及相关专业的教师、学生使用，也可作为科学工作者在苗药资源相关研究中的参考资料使用。

《苗族药物学》

Pharmacology of Miao Nationality

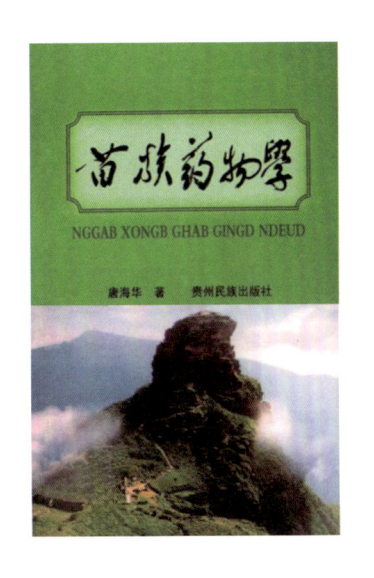

唐海华著。贵州民族出版社2006年出版,1册,452页。

文献价值:

该书是在2005年贵州省中医药管理局"黔东苗医药基础理论研究"课题的成果基础上形成的专著。作为松桃苗族自治县成立50周年的献礼著作,其主要收载了自20世纪80年代以来20余年的以松桃苗族为中心的贵州省黔东部地区的苗族用药理论,是苗语东部方言区苗医药研究的重大成果,也是中国贵州省黔东铜仁地区有史以来的第一部苗药学科技专著。

医药价值:

1. 图文并茂,苗药的记载比较全面和规范

该书主要以松桃苗族医药作为研究对象,阐明了黔东苗族药物理论体系,记录苗族常用药物435味,药物图片435幅,药物识别图128幅,其他插图33幅。该书中的苗语药名以松桃苗语定音,对苗药发展史、基础理论、每种药物的苗语名、学名、俗名、来源、鉴别方法、药用部位、采集季节、性味归经、功效、主治疾病、内服外用的用法用量、禁忌等进行了系统介绍,尤其是对毒性药物的毒性反应和解救方法进行了总结。

2. 地域性强

本专著具有较强的地域性,极具苗族乡土特色,对不同地区的苗族医药研究具有较重要的参考意义。

《湖北苗药》

Miao Medicine of Hubei

彭再生主编。中医古籍出版社2006年出版，1册，509页。该书是作者在前人的研究基础上，根据苗医的用药习惯、特点编著而成，是记录湖北地区苗药使用情况的一本专著。

文献价值：

作者于2002—2006年专门对湖北苗药进行系统整理，历时4年之久。该书是首次记录湖北省苗族地区苗药使用情况的专著。在该著作出版以前，大部分相关文献都是以中医药或土家医药为视角编著，尚无一本对湖北苗药进行系统整理的专著，而此书弥补了这种缺陷，是一本对湖北苗药进行系统整理的专著。

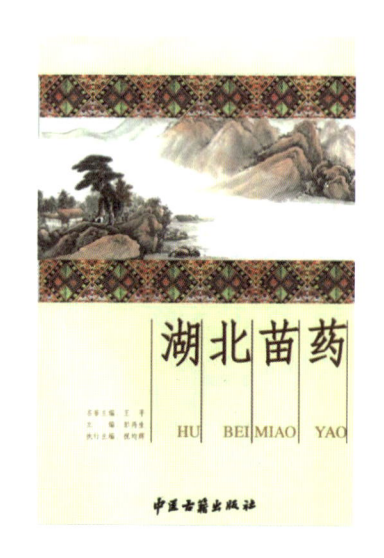

医药价值：

该书共收集、研究、整理苗药397种，主要包括来源、别名、形态特征、生长环境、采集加工、性味归经、功能与主治、民间验方等内容，其中有数十味苗药属于首次记载。本专著富有苗族乡土特色，体现了湖北苗族在抵御疾病中的重要经验和苗医药文化传承状态。

《中华本草·苗药卷彩色图谱》
Miao Medicine Color Atlas of Chinese Materia Medica

邱德文、杜江、夏同珩主编。中医古籍出版社2006年出版，1册，433页。该书是以苗族常用药物为主题，课题组经2年努力按照图鉴的编撰形式记录了对苗族药物的研究结果，通过书中收录的图片，向人们提供了具有可辨识性等特点的真实的苗族药物知识。

文献价值：

该书是《中华本草》民族药卷之一，是在贵州省人民政府大力支持下，2004年正式引入贵州省中药现代化科技产业研究开发专项项目，经过课题组2年的努力，对《中华本草·苗药卷》进行图片补充，能更好地配合《中华本草·苗药卷》的运用。

医药价值：

1. 收集全面，图文并茂

该书以实地摄制苗药图片为物证，以苗族民间口传医药文化为佐证，共收载《中华本草·苗药卷》中391种苗药，经过考核辨识配以原植物（动物或矿物）彩色图片1 200余幅。这些图片大部分反映了每个药物生长特征，如植株、花、果实等，实地摄制的苗药图片配上专业性文字介绍使该书更加直观。

2. 结构合理，快速索引

书后附有所载药物的3种索引方式：苗药汉文名称索引、动物植物矿物药名索引、药物苗语名称索引，使读者能快速查找到需要的相关药物。该书的出版能更好地发挥《中华本草·苗药卷》的作用。

《苗族医学》

Medicine of Miao Nationality

陆科闵、王福荣主编。贵州科技出版社2006年出版，1册，723页。

该书是当代苗医通过对苗族地区较大范围的调查研究的成果，主要用口述方式表达，由作者、其同事和采风者共历时14年用汉文记录下来并整理出版。全书内容分为概论、苗医病证、苗族药物三部分，是一部较为全面介绍苗族医药的医学专著。

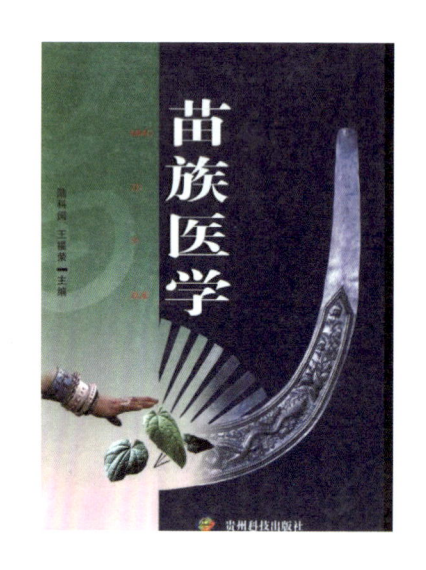

文献价值：

该书记录了1990—2004年对苗族地区大规模调查研究的结果，作为黔东南苗族侗族自治州成立50周年的献礼，是一本在中国共产党黔东南苗族侗族自治州委员会、黔东南苗族侗族自治州人民政府、贵州省科学技术厅、贵州省卫生厅、贵州省新闻出版局以及苗医药工作者共同努力下出版的苗族医学类专著。该书在苗医的自我总结和口述表达的基础上，对苗医药知识进行了取舍和提炼，使用汉语、苗语双语记载，是一本较为全面的苗医学专著。

医药价值：

1. 收集全面，内容丰富

全书文字有100余万字，分为上篇概论、中篇苗医病症和下篇苗族药物，共收载206个大症、408个小疾，常用苗药品种330个，苗医药术语名词2 400余条。

2. 对苗医病症、苗药的记载比较规范

该书对疾病的标准病名、成因、表现、治则治法及方药等多个方面进行了记载，对苗药的名称、来源（拉丁名）、形态特征、生态分布、药用部位、采集加工、功效主治等方面进行了记载，并配有常用苗药彩图。其记载的内容种类较全面和规范，在苗医基本理论、疾病认识和药用功效等多个方面具有参考价值。

注：

该书并未详细提及其调研整理的苗族地区地理范围。

《中华本草·苗药卷》

Chinese Materia Medica of Miao Medicine Volume

邱德文、杜江主编。贵州科技出版社2005年出版，1册，651页。该书是《中华本草》民族药卷之一，是当代苗药研究的标志性成果，具有较高的科学性、先进性、实用性，对苗医药教学、科研、临床有重要指导意义。

文献价值：

该书是《中华本草》民族药卷之一，由贵阳中医学院、贵州省中医药研究院、贵州省中药产业现代化科技产业协调领导小组办公室历时3年编纂而成，是国家中医药管理局首批全国民族医药文献整理项目《中华本草·苗药卷》的编纂任务。该书按照《中华本草》整体规范化编著，丰富了民族药分卷的内容，是当代苗药研究的标志性成果，为苗医药的继承和发展做出了贡献。

医药价值：

1. 收集苗药数量多，内容详尽

全书包括上篇概论、下篇药物、附篇及索引4个部分。共收载药物391味，插图400余幅，有100余万字。同时对药物的名称、来源、栽培、采集加工、药材鉴别、药理药化、特殊炮制、功能主治、用法、附方等都做了详细介绍，做到来源清楚、引述有据，品种的选择准确而有特色，系统、全面地反映了苗药使用情况和科研成果。

2. 内容规范，具有指导意义

该书符合《中华本草》整体规范，体现本草学特色，对苗医药教学、科研、临床有重要指导意义。

《苗家养生秘录》
Regimen Book of Miao

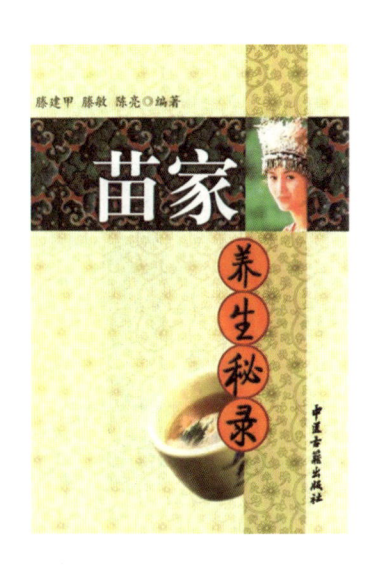

滕建甲、滕敏、陈亮编著。中医古籍出版社2005年出版，1册，307页。该书是作者将流传苗家千百年、秘而不宣的苗家养生之道进行收集整理，是一部全面介绍苗族医药养生学的专著。其内容包括苗族养生防病的传统理念、传统习俗、常用措施、常用方药等，从理论到实践都作了较为系统的阐述，既具有一定的实用价值，又有很高的研究价值。

文献价值：

该书主要记载了中国苗族东部医药文化圈内（湖南省大湘西一带）的苗族养生保健理论与方技，较全面地介绍了苗族医药养生学经验，书中有关养生、保健、防病方面的民间传说和习俗具有较强的苗族文化特色。该书是对苗家养生文化的全面总结，也是我国第一部有关苗家养生保健的专著，丰富了祖国传统医学长寿学科的内容。

文化和医药价值：

该书对苗族养生的医药知识和文化进行了系统性的总结。该书主要从以下几个方面介绍了苗族同胞在长期的医疗实践中积累起来的养生、保健、防病经验。① 传统理念：主要介绍苗族的原始信仰与图腾崇拜。② 民间习俗：主要介绍一些有关养生、保健、防病方面的民间传说和习俗。③ 养生措施：主要介绍一些养生、保健、防病方面的传统内容，也包括一些禁忌、兆头之类的传统思想。④ 常用方药：主要介绍苗族民间常用的一些治病方药，这些方药不但治病，而且还有驱邪、防病的功能。全书对苗族养生医药知识从理论到实践都作了系统的阐述，对苗族医学和我国民族卫生事业的发展有积极的推动作用。

《风湿病苗药本草荟萃》

Miao Medicine Media Collections of Rheumatism

祝均辉主编。中医古籍出版社2005年出版，1册，267页。该书是作者潜心研究民族医药，历经十多年的野外调查、实验研究、临床验证，积累大量资料后经申报国家中医药管理局的苗医药风湿病专项建设项目的结晶。其主要内容是关于苗医苗药治疗风湿病的专门验方和常用药物。

文献价值：

该书主要记载了湖北苗族地区治疗风湿病的常用苗药和验方，在咸丰县苗医苗药风湿病专科和国家中医药管理局立项建设的背景下，作者经过10余年的野外调查、实验研究和临床验证后筛选出该书中的苗药和方剂，对于研究风湿病的临床医生和科研工作者等有积极指导意义。

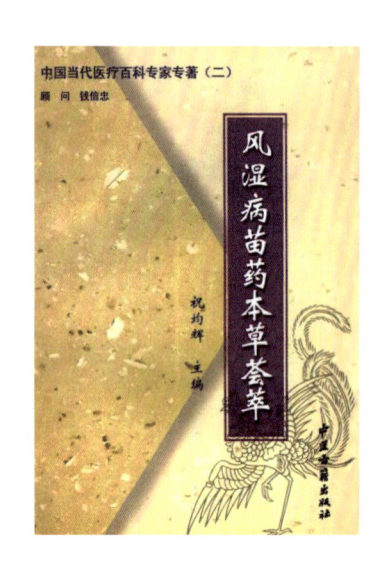

医药价值：

该书记载了苗医治疗风湿病的378首方剂及193种常用苗药，所载每种药物又按药名、别名、来源、形态特征、生长环境、采集加工、性味、功能主治、民间验方介绍等顺序分别进行叙述，每药后面附墨线图。该书对苗医苗药治疗风湿病的研究、临床用药具有针对性的指导意义。

注：

该书所列苗药没有对照的苗语音译名，部分药物未写明基源的拉丁名。

《三本论·苗族生成哲学精髓解析》

The Essence of Miao's Generative Philosophy

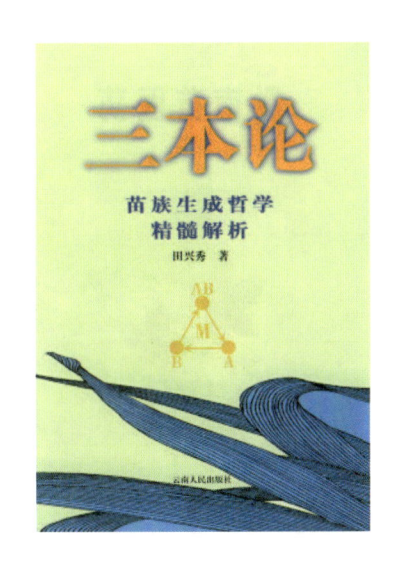

田兴秀著。云南人民出版社2004年出版，1册，76页。全书由概要、总论及附录三部分组成。本书主要解析了苗族生成哲学"三本论"的形成及其内涵。

文献价值：

该书是由湖南省花垣县卫生局工作人员田兴秀所著。田兴秀为当地民间苗医师，他通过介绍以能量、物质、结构作为事物生成根本的"三本论"，揭示了事物生成的实质，同时就人、事、物等问题以"一分为三"观点进行了相关探讨，并在其后续的著作中将该书理论用于阐释苗医哲学理论。

文化和医药价值：

1. 对"三本论"的解析详尽

全书分为概要、总论及附录三部分，分别介绍了基础理论、"三本论"的意义、以三本论事、以三本论物、以三本论人、"三本论"主要论点、"三本论"主要名词释义等，以及能量、物质、结构是事物生成的三大根本，简称"三本"。又创立了"做事情按有义、有惠、有契三有法度"的方法论，是苗族主要的生成哲学。

2. 明确了"三本论"对苗医学的指导意义

"三本论"为苗医学确立了指导性的基础理论，有助于苗医学及其他相关学科的发展，对进一步阐释苗族哲学和传承苗族文化具有重大意义。

《黔南苗医药》

Medicine and pharmacy of Miao minorities in South Guizhou

文明昌主编。中国文化出版社2004年出版，1册，235页。该书的发掘整理，是真实反映黔南苗族民间的苗族医药活动的文献资料。

文献价值：

该书是黔南州民族医药研究所文明昌对贵州省黔南州地区20余年的苗医药调查、发掘和整理的成果。该书不仅介绍了黔南地区的苗医药理论及临床经验，还对疗效确切、临床效果显著的苗医药治疗皮肤病专科的经验进行了专门阐释，对地区性苗药发展及苗族医药文化的传承都有积极的推动作用。

文化和医药价值：

1. 地域性强，收集全面

该书共有十一章，以主要篇幅对黔南苗医药理论体系、治疗原则、治疗手段以及辨证原则进行概述，同时从药名、别名、植物特征、性味功能、分布、苗药验方等几个方面对黔南苗族161种药物进行简单介绍。

2. 重点突出，兼具苗族文化特色

该书对具有代表性的皮肤病种类及治疗方法和药物方面的成就进行了总结，从而提高了用药的准确性，突出其医药与民俗相结合、理论和临床相结合的特点，是对黔南州的苗族医药和文化极具研究价值的文献资料。

《苗族医药开发与临床应用》

Development and Clinical Application of Miao Medicine

汪毅、司晓文、夏同珩编。新疆科学技术出版社2003年出版，1册，272页。

文献价值：

该书介绍了苗族医药的起源、发展及特点，常见病的苗族医药治疗及常用苗药等，实用价值较高，方便读者查询、阅读及应用。

医药价值：

该书共分七章。第一章为苗族历史简介。第二章为苗族医药的起源和发展。第三章为苗族医药的特点。第四章为苗族医药的治疗方法。第五章为常见病的苗族医药治疗，主要根据苗医使用的秘方、验方编写而成。第六章为常用苗族药精选，共选苗族药物60味，其中药物的正名为贵州民间常用名，苗族药名主要根据1992年版《苗族医药学》列出，汉族药名主要根据《中药大辞典》《全国中草药汇编》《资州草药》等书综合列出，临床应用为苗医应用该药的治疗经验，附注为作者应用苗族药物治疗的体会。第七章为苗族医药的开发及展望。全书重点对苗医药在常见临床病症的治疗进行了详细介绍，体现了苗医的特色和经验，并以"复方草玉梅含片"等5种苗药成分制剂的开发为例，描述了苗医药开发的美好前景。该书对苗医药的临床应用整理和药物开发提供了重要参考。

《中国苗族药物彩色图集》

A Color Atlas of Chinese Miao Medicine

汪毅主编。贵州科技出版社2002年出版，1册，766页。该书是编者在前人研究苗族医药的基础上编写而成的。

文献价值：

该书主要记载了中国苗族聚居省区的常用苗药概况及苗药彩图，是编者在前人研究苗族医药的基础上，参照苗族聚居省区的有关资料以及编者在各地苗族乡镇收集、整理，以及长期临床的基础上编写而成。该书的出版有利于苗族药物知识的广泛传播和道地药材的发现。

医药价值：

1. 收录完备，内容详尽

全书约45万字，并配以700多幅实地拍摄的彩色图。重点介绍了苗族常用药物368味，每味药配2张原植物的彩色图片，并配有苗族常用方剂。书后附有苗族的族源、迁徙和苗族医药知识，以及拉丁文索引。

2. 图文并茂，指导性强

全书700多幅药物彩色图，大部分反映了每种药物原植物的生长特征，如植株、花、果实等。实地摄制的苗药图片配上专业性文字使该书更加直观，让读者能获得真实可靠的苗族药物知识。该书可供广大医务工作者、药学科技人员、苗族医药爱好者等参考和学习。

《贵州苗族医药研究与开发》

The Study and Development of the Miao Medicine of Guizhou

包骏、冉懋雄主编。贵州科技出版社1999年出版，1册，57页。该书是在贵州省苗族医药调查研究、基础研究与开发利用初见成效基础上完成的，较为系统地总结了贵州省苗族医药研究与开发的成果。

文献价值：

该书主要记载了20世纪90年代贵州省苗族医药调查研究、基础研究与开发利用等方面初见成效的阶段性成果，对苗族医药的发展历程、医理诊治、方药特色、科学内涵及其价值等进行了梳理和论述。该书是第一部较全面地介绍贵州苗药资源的专著，记载的苗药知识对民族药的地域性研究具有参考价值。

医药价值：

1. 内容全面

该书分为上下两篇。上篇介绍了苗药发展概况及苗族医药研究开发的重要意义；苗族医药的发展历程和重要特色；苗族医药的医理诊治与方药研究。下篇介绍贵州苗族药材及其成方制剂的研究开发与再评价，共选择收载了苗族药材165种，成方制剂117种，较系统地介绍其药物基源、处方来源及依据、名称、处方、制备工艺、质量标准、稳定性、药理学、毒理学、临床验证等方面的研究。

2. 反映了苗医药的阶段性发展成果

该书对20世纪90年代贵州苗医药走向市场的社会效益与经济效益、贵州苗族医药与贵州医药工业的发展状况及前景进行了分析论述。书末还附有附录10则、索引及主要参考文献。该书首次较系统地总结了贵州苗族医药研究与开发的成果以及贵州民族医药工业的发展现状，为今后进一步深入继承、发扬和研究苗族医药提供了科学而翔实的依据。

《苗族医药学》

Medicine and Pharmacy of Miao Minority

田兴秀、关祥祖主编。云南民族出版社1995年出版，1册，421页。该书是真实反映苗族医药活动并具有极大参考价值的文献资料。

文献价值：

该书较全面记载了苗医理论学、药物介绍及病候议治等，反映了当地苗医对疾病、药物的认知和在医治疾病中的思维方式，以及所掌握的苗族植物学、动物学知识。该书具有苗族医药及苗族医药文化的真实性、传承性特点。

文化和医药价值：

1. 内容全面

该书共分为十五章，包括苗族医学史、苗族生成哲学、生灵学、人体学、生病学（病因、病理、病征、病症、病候）、看病学、整病学（整病三大原则、十七大法、四十九套方术）、防病学、苗药学、医方学（49种方术）、医方集锦、十七病候议治等。

2. 重点突出，兼具文化特色

该书着重记录了"十七病候议治"的具体分类及相关内容，对85种重点苗药按照苗药质地、走关、分类、采制、资源进行编写。该书真实地反映了苗族医药活动，体现了苗医药的自然科学属性和哲学、文化属性。

《苗族生成哲学研究》

Research on Miao Nationality's Generative Philosophy

雷安平主编。湖南出版社1993年出版，1册，196页。

文献价值：

该书主要记载了由苗族古老话大师龙玉六口述，龙炳文、田兴秀先生记录、搜集、整理的苗族生成哲学，对苗族生成哲学朴素的唯物主义和辩证法思想进行了多方面的研究，特别是对其在苗医苗药方面的指导作用进行了较深入、全面、系统的研究。苗族生成哲学是古代苗族先民探讨事物生成变化规律的一种思维理论，它的哲理极为丰富和深奥，该书的出版使苗族哲学思想研究进入一个新的更高层次，为苗族文化的研究起到抛砖引玉的作用，也为中国哲学史研究增添了新的内容。

文化和医药价值：

1. 内容丰富，论点鲜明

全书分为序论、苗族生成哲学（事物生成共源根）、苗族生成哲学研究以及后记四部分，其中主要部分为第二部分和第三部分。第二部分苗族生成哲学（事物生成共源根），分别用苗文校释、国际音标记音、汉语拼音记音、汉字记音、汉语直译、汉语意译进行论述；第三部分苗族生成哲学研究分别论述苗族生成哲学的历史性和现实意义，苗族生成哲学注释，古老的哲学与辩证的思想，苗族先民以"三"为本的宇宙观，鬻熊、《鬻子》与苗民崇尚"三"的关系，苗族生成哲学中朴素的唯物主义和辩证法思想，苗族生成哲学演绎，苗族生成哲学在苗族医学中的指导作用，苗医崛起之光，苗族生成哲学在古代苗医中的迹象探微，

《古老话·开天立地篇》的哲学思想，苗族知识精华的积累者等内容。该书内容丰富，论点新鲜，是堪比"贾""律"的哲学教科书，该书可供苗医药工作者和有兴趣于苗学研究的专家借鉴。

2. 双语标注，指导性强

该书对苗医大师龙玉六口头传授的苗族生成哲学的原文进行了苗文校译、汉语直译和意译，并作了注释和演绎，还收载《苗族生成哲学在苗族医学中的指导作用》《苗医崛起之光》《苗族知识精华的积累者——龙玉六》等文，基本表述了苗族医学的理论套路和民族特色，阐明了苗医的"破均衡"医学观，为苗医理论确立了文献根据。

《苗族医药学》
Miao Nationality's Medicine

陈德媛、罗延华、张厚权主编。贵州民族出版社1992年出版，1册，907页。《苗族医药学》一书，由贵州省民委文教处、贵州省卫生厅中医处、贵州省中医研究所组织编写，贵州省中医研究所陈德媛、罗延华、张厚权主编。

文献价值：

该书是一部苗族医药的专著，主要记载了苗族医药的发展简史、苗族药物的基础理论、苗族医药验方等。该书对贵州省及贵州省外苗族医药比较发达的地区进行了深入细致的调查研究，为从事苗医药相关研究以及对苗医药感兴趣的人提供了参考资料。

医药价值：

1. 系统性强，种类丰富

《苗族医药学》是我国第一部苗族医药系统性的医学著作。全书共分四章：第一章论述了苗族医药学历史；第二章论述了苗医理论和临床诊治；第三章论述苗族药物，介绍苗药332种，其中植物药294种，动物、矿物药38种；第四章分内科方、外科方、妇产科方、儿科方、五官科方共记录单验方247个。在附篇中附有"药用动、植物拉丁名索引""苗族药名及近似汉译音对照索引"和"中名俗名索引"。

2. 重点突出，图文并茂

该书重点介绍苗族医药的发展简史；医理、病因、诊断、治疗、预防和预后，疾病的命名、分类特点以及临床诊治；苗族药物的基础理论，并收录药物

294种，每一个药物列有原植物（或原动物）形态特征描述、生境分布及插图；并收录单验方247个；书后附有药用动植物拉丁名索引、苗族药名及近似汉译音索引、中俗名索引，文内插图322幅。该书的出版展示了苗族医药发掘、整理的美好而广阔的前景。

《湘西苗药汇编》

Collection of Miao Medicine in Western Hunan

岳麓书社1990年出版，1册，822页。该书由湖南少数民族古籍办公室和湖南凤凰县民族事务委员会主编。

文献价值：

该书为中国少数民族古籍丛书苗族古籍之三，主要由湖南省湘西土家族苗族自治州凤凰县卫生局苗医欧志安编写。该书在地域上作了界定，不仅收录湘西苗药，还收录贵州省铜仁地区苗药，实际代表了中国东部苗族所用药物，还汇集湘、黔边境苗族医药临床用药及医疗经验，是一本在当时比较完整介绍湘西苗药的专著。该书在1981年通过由湘西州科委组织的成果鉴定，并于1982年获湘西州科技成果二等奖。

医药价值：

1. **收录全面，内容详尽**

全书共60万字，书中收录苗药478种，其中植物药441种，动物药30种，矿物药7种，单验方2 000多个。每种药名均注有苗语名称，还注有苗语汉译音。如一朵云，苗语名称为Reib dox yind，苗语汉译音为摆古楚锐打。每种苗药后附有苗医验方、单方、或经临床观察病例介绍。在常用苗药的现代研究方面，该书对化学成分、药理研究等作了重点介绍。另外全书收载的单验方包含了药物的苗语名称、验方、单方、现代药理研究等。

2. **双语标注，地域性强**

该书不仅每种药名均注有苗语名称，且有英文译名，便于查阅和使用，该书还对药物的验方、单方、常用苗药的现代研究作了介绍。该书对了解中国东部苗族苗医药发展情况具有较大的参考意义。

《古老话》（一）
Ancient Words（No. 1）

湖南少数民族古籍办公室主编，岳麓书社出版，1册，472页。湖南省花垣县猫儿乡年逾八旬的苗医大师龙玉六，于1986年把古代流传的苗族生成哲学——"事物生成共源根"捐献给了国家，后由龙炳文等搜集编著，于1990年11月收入《古老话》之中并公开出版。该书还记载了大量反映苗族古代历史、人物、医药、文艺、习俗等内容。

文献价值：

该书主要记载了苗族的"古老话"，古老话按苗语直译应为话古老话，苗族古老话已被列为湖南省非物质文化遗产。该书是根据苗族古老话大师龙玉六老人的朗诵记录的，最早成型于20世纪七八十年代，具有独具一格的民族风格和特色。该书是苗族的一部重要民族古籍，它的出版，对研究古代苗人的宇宙观（诸如天地山川的形成）、法的发明、武器的创造、群婚制到偶婚制的发展、人类的繁衍、氏族的形成、氏族的战争和古代苗族的政治、历史、经济、文化、习俗等，都具有十分重要的价值，同时也是研究我国苗族古代历史和文学史的重要参考资料。

文化和医药价值：

该书的主要内容分为三部分，分别为开天立地篇、前朝篇、后换篇。苗族先民把光、气、水、土、石列为生命生成的物质原料，该书揭示了苗族先民对生命产生的认识，梳理出了苗族繁衍生息的脉络和事物生存的哲学理论，对苗医药理论的形成和发展起到了重要影响。《古老话》以意思相近的对偶句形式表现内容，因此其中的重意词、近义词很多，它充分反映了苗族的语言特点和不同构词方法。有些章节借喻生动，为保持《古老话》原貌，该书采用了"意、格、调"相结合的译法，即在忠实原意的前提下，尽可能保留原作的调式、风格，目的是让该书能有更多的读者，增强各民族间的相互了解，促进各民族的团结。

《苗族药物集》
Drug Collection in Miao Minorities

陆科闵主编。贵州人民出版社1988年出版，1册，245页。该书依据20世纪80年代中期黔东南州民族医药研究所对黔东南地区苗族民间传统医药调查研究的结果整理而成，简述了苗族药物基本知识，是贵州省第一部民族药物专著。

文献价值：

该书记录了黔东南州民族医药研究所于20世纪80年代中期对黔东南地区苗族民间传统医药调查研究的结果，用苗文和汉语近音字记录了163种苗族药物名称，是贵州省第一部记载民族药物、传播和继承苗族药物知识的书籍，具有历史意义。

医药价值：

该书以现代的植物学知识和苗族民间药用经验，对163种苗族药物依苗药按汉语近音字名称、苗语名称、中药名称、来源（拉丁名）、形态特征、生态分布、药用部位、采集加工、效用、主治、常见方剂等顺序进行了记载，是一本对苗族药物研究人员有较高参考价值的苗族药物书籍。

注：

（1）在研究苗族医药的文献中，该书作者是第一位提出苗药的"归经"和苗医的"两纲、五经、三十六症、七十二疾"等观点的学者。但"归经、两纲、五经、三十六症、七十二疾"等这些观点在苗语固有词汇中没有与之相应的词或词汇、术语，传统苗语不能表达苗药的"归经"和苗医的"两纲、五经"等的内涵及外延的概念。

（2）该书中苗文的应用存在诸多不足。

《湘西苗族实地调查报告》

Field investigation Report of Miao Nationality in Western Hunan

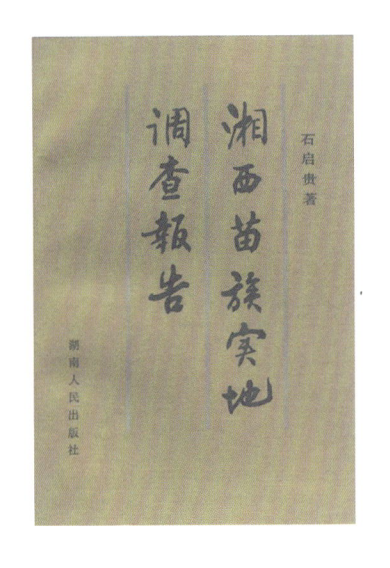

石启贵著。湖南人民出版社1986年出版，1册，680页。并于2007年再版发行，再版内容与原书无较大差异，仅对个别地方进行了校正。原稿存放于吉首县档案馆。

文献价值：

石启贵先生从事湘西苗族研究工作30余年，深熟苗族医药，20世纪50年代著有《苗医验方》《畜医指南》两稿约20万字，收验方数百例。他亲履湘西苗区深入实地研究调查，历时数年，收集到大量具有苗族特点的资料。其子女和相关人员对其《湘西土著民族考察报告书》初稿和遗稿进行整理，于20世纪80年代出版此书。该书保留了中华人民共和国成立前的湘西苗族社会文化习俗及历史传统等各方面内容，是由本民族学者编著的第一部湘西苗族志专著。它的问世对于民族文化研究和医药文化研究都有重要的学术价值和现实意义。

文化和医药价值：

1. 收录全面，内容丰富

全书分地理概貌、历史纪略、经济生产、生活习俗等十二章。该书第七章第二节以科为类别，记录了外科、内科、儿科、妇科和医畜相对症疗法的验方，皆为长期实践得之。

2. 忠实记载，极具文化特色

书中"奇验医药"章节，记录了当时苗族地区的一些医药卫生情况，如记载中华人民共和国成立前苗乡医病多请巫师施用巫术，药物与巫术结合，推崇"画符术"。该书是一本兼具苗族医药和文化特色的著作。

《湘西苗医初考》

Preliminary Study on Miao Medicine in Western Hunan

《湘西苗医初考》，湖南省湘西土家族苗族自治州凤凰县卫生局欧志安著。全文5万余字，发表在《中南民族学院学报》（自然科学版）1984年第2期（1~34页）。《湘西苗医初考》分六章：第一章论述了苗族的先民医学起源；第二章论述了苗医的民间流传与汉书记载及考古发现；第三章论述了巫的产生对苗族医学发展的影响；第四章论述了清代以来苗族医药概况；第五章论述了药物知识的积累和进步；第六章论述了医学各科的成就。《湘西苗医初考》研究完成后，1984年1月通过了由湘西州科委组织的成果鉴定。专家评议认为：欧志安同志从1978年以来，参照了大量史书，经过五易其稿，写成了《湘西苗医初考》。它用辩证唯物主义观点、方法对湘西苗医的起源、形成、发展及成就进行了初步探讨，用多方面的材料论证了苗医有其悠久的历史、鲜明的特色和丰富的经验，内容涉及基础理论、预防、诊断、治疗等方面知识，这对继承和发扬少数民族传统医药、开发山区药物资源、丰富中华民族的医药宝库，是一个可喜的贡献。本项成果获1985年湘西州科技成果三等奖。

文献价值：

该文章对湖南湘西苗族医药的历史和理论进行了考证，系统阐述了苗医药的发展过程，对没有通用文字的苗族的医药历史进行理论总结，对今后苗医药的发展奠定了理论基础。

文化和医药价值：

该文章论述了湖南苗医药的发展历史以及在民族文化中的传承与发展过程，是对苗医药知识的一次总结。文中的观点和方法得到了专家的肯定，对促进湘西地区苗医药的传承和发展起到了重要作用。

《小儿推拿疗法》

Massage Therapy for Children

刘开运、方丽群主编。湖南人民出版社1975年出版，1册，62页。该书是一部较为系统地收集整理湘西苗医小儿推拿学术经验的著作。

文献价值：

该书是由吉首卫生学校苗族推拿教师刘开运与方丽群教师合作编写。该项收集和整理湘西苗医小儿推拿学术经验的研究成果，获1978年湘西州科技成果奖。

医药价值：

全书共分二章。第一章介绍推拿疗法的基本知识，如穴位、手法、诊断、治则、作用、适应症、禁忌症、注意事项等。第二章介绍小儿常见疾病的治疗，如小儿肺炎、小儿腹泻、小儿府证、惊风（急惊风、慢惊风）、小儿夜啼、小儿脱肛、遗尿、火眼、盗汗、口舌糜烂等。对每种疾病分别制定治疗原则、推治方法。在推治方法中又分常例推治、推五经（补脾、清肝、清心、清肺和补肾）、穴位及手法等。该书中的内容虽然是以中医为主，但这是在民族地区首次系统开展小儿推拿的方法整理，为苗族、土家族人民及其他各民族在小儿疾病的临床医治方面有很大的指导意义。

◆ 古籍文献

《苗医古方抄本》
The Ancient Prescriptions of Miao Medicine

湖南省永绥县（今花垣县）猫儿乡果儿村苗医师杨光福著，成书于清光绪年间，1册。全书5 060字，分126条，列120种病症，记苗医方231首，组方用药500种，其中本地草木药330种，用苗话记述的药名有21种，用本地苗人地方汉语记述的苗药有267种，记述了内、外、妇、儿、五官、杂科及全身九大架组病症的治疗方法。其苗族特色鲜明，全书没有阴阳、五行等观念，所用的医学术语与中医不同，无鬼神等迷信内容，学术性较强，临床适用面广，可谓清光绪以前苗医精华的积累。

文献价值：

记录了当地的多种药材名，并附有苗语音译，特色鲜明，科学地记载了内、外、妇、儿、五官、杂科及全身九大架组病症的治疗方法，较系统地体现了清代以前湖南花垣县苗族医药的地方特色。全书没有阴阳、五行等中医观念，体现出苗医药的一些基本理论，学术性较强，临床适用面广，具有较高的研究价值。

文化和医药价值：

该抄本内容丰富，包含了民间苗医对病症、药方、药材的记录。其中对地方症病及地区分布药物的记录体现了当地人民同疾病斗争的宝贵经验。同时该抄本用科学的眼光对病症和药物进行了分类，对开发和利用苗医药资源有着重要的参考价值。

《万年看病吉凶》
Good or Bad Day for Disease

成书于清末时期。陈先智抄写。《万年看病吉凶》具体抄写时间不详。抄本分为两大部分。第一部分内容有：每日看病吉凶日（每月三十天，一天一看，判吉凶），每月十二天干病吉凶；每月地支病吉凶；十二生命看病吉凶；十二得病吉凶；十二身立身倒去；看十二生命犯；论天干地支所属五推查；论身月见怪吉元。第二部分为各论，即二十论看病吉凶。二十论看病吉凶与《看病吉凶科》中内容基本相同。

文献价值：

该书现存为手抄本。该书是民族医药发展的产物，代表了民族医药发展的进程，其发掘与整理有利于民族医药文化的传承，有着极大的历史文化价值。

《看病吉凶科》

Predict the Disease

该书为《看病吉凶科》的手抄本，清末乾城阿糯苗医（今吉首市白岩乡）陈发武所抄写。吉首市白岩乡陈祖武、陈先智苗医家存有《看病吉凶科》手抄本，2004年湘西土家族苗族自治州民族医药研究所对该手抄本进行整理、打印，现存于该所陈列室。《看病吉凶科》分二十论：论得病日吉凶。二论六十甲子得病吉凶日。三论病人时克吉凶。四论建除满平定吉凶。五论例身吉凶日。六论禄马诀吉凶。七论每月金木水火土吉凶日。八论人板木吉凶。九论地支诀病吉凶日。十论四季得病黄沙日。十一论天干阴阳得病吉凶日。十二论病人逢地支吉凶日。十三论病人年庚忌吉凶。十四论十二地支吉凶日。十五论八卦图男女病吉凶。十六又论十二地支吉凶。十七论五行生人吉凶。十八论五甲天干地支吉凶。十九论病者吉凶图。二十论男女病者怕黄泉。

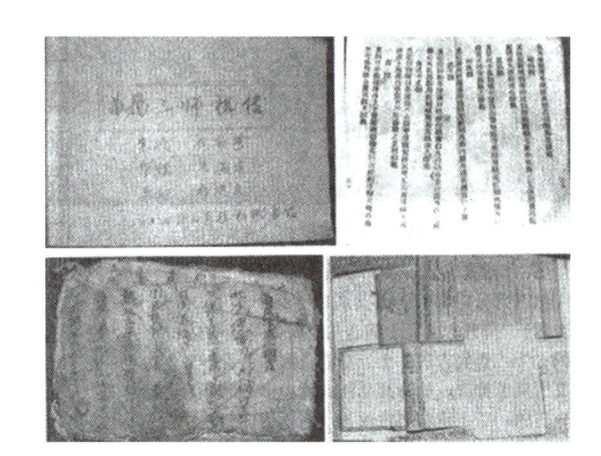

文献价值：

《看病吉凶科》原编自清末，现存本由湘西土家族苗族自治州民族医药研究所田华咏、滕建卓于2004年进行整理、打印，存于陈列室。它代表了当时人们对于疾病医学的认识，是民族医药文化的传承。该书体现的民族医药文化有其独特而深厚的历史和文化内涵，并与本地特有的哲学、宗教、教育、风俗民情、民族迁徙、地理沿革和气候特点等密切相关，它是民族发展史的缩影，对于了解本地区民族发展沿革和社会发展有极大意义。

第二部分 侗医药著作

概　述

侗族主要聚居在我国湖南、广西、贵州三省、自治区交界的喀斯特地区，其居住区以前被称作"溪峒"，现总人口300多万。据文献记载，侗族由古越人发展而来，古代常被称作"仡伶""伶佬""峒人""侗僚""洞蛮""侗人"等，中华人民共和国成立后称"侗族"，是我国56个民族大家庭中的一员。

侗族医药源远流长，古朴实用，独具特色。侗族居住的喀斯特地区，气候多变，山林复杂，草木繁茂，江河洞穴密集，适宜多种动物繁衍生息，中草药资源也很丰富，为侗族医药的形成和发展奠定了物质基础。

据考证，侗医开端于原始社会，在历史的长河中，通过长期的劳动生产、与疾病作斗争，侗族人民积累了丰富的医药经验。对侗医繁衍后代、发展侗乡经济起到了重要的作用，并逐步发展和完善。侗医药的发展经历了原始阶段、巫医并用阶段和理论发展三个时期。

原始时期：原始社会至封建社会初期。这一时期主要以冲傩文化（巫医结合）的古朴形式为主。主要依赖于驱邪和食疗经验。

巫医并用时期：包括整个封建社会至中华民国后期。这时巫医和侗医逐渐分离，侗医药者"药匠（侗语xangh ems）"成为一门职业，侗医逐渐积累了丰富的治病救人的民族经验。随着侗汉经济文化的广泛交流，侗医药开始吸收中医药的内容。据侗医古籍藏书抄本《救世医方》《世传医方》《幼科铁镜》《药品总簿》等资料，在清朝康熙年间，侗乡存在着"巫医派""药医派"两个既相互对立的，又相互依存、相互制约的医药体系。随着时代的进步，一些"巫医"逐渐分化和解放出来，向着医药治病的方向发展，他们为人治病时，既用"占卜""祈祷"，也用药物疗疾，形成了"巫药并用""神药两解"的格局。侗乡一些有识之士，广泛吸收汉族中医的"阴阳、八卦、五行"等内容，逐渐加深了对疾病的认识，由浅入深，表里贯通。

这一时期侗医诊断疾病颇具特色，往往通过望诊患者出现的类似动物的行为来诊断疾病，如侗医将通常疾病分为24大症、72风（小疾），其中有"飞蛾症""蜘蛛症""泥鳅症"等，以及"猴子风""鸡爪风""蚊风"等；在诊脉方面总结出"三出三转""四八虎口"等诊脉法。侗医治病时除使用侗药（植物药、动物药、矿物药）外，往往还用独特的非药物疗法来治疗疾病，如"推拿""打火罐""刮痧""放灯火""吸吮"等一些行之有效的治病方法。但是由于种种原因，这一时期侗医药发展较为缓慢，没有形成系统的医疗体系。

理论发展时期：侗族由于没有本民族文字，长期沿用汉文，存世的关于医药的记载甚少。侗医药真正开始发展始于20世纪70年代，特别是1986年6月，湘、桂、黔、鄂、川、滇六省（区）民族医药研讨会在贵阳市召开，把继承和发扬民族医药事业纳入了卫生工作的议事日程，随后各地都先后成立了"民族医药研究所"等研究机构。黔东南州民族医药研究所组织编写的《侗族常用药物图鉴》（1990）开启了侗医药文献的整理工作，随后《侗族医学》（1991）、《湖南侗族医药研究》（1992）、《侗医吴定元小儿推拿经验》（1993）、《侗药大观》（2006）、《侗族药物方剂学》（2009）、《中国侗族医药》（2011）、《草木春秋考释》（2015）、《侗族医药文化及侗族药物》（2019）等著作相继问世。特别是侗医吴定元在侗族山寨行医70多年经验写成的手稿的整理出版，极大地丰富了侗医药的理论体系，充实了侗医药的内容，促进了侗医药的发展。这些研究将零散的、古朴的传统侗族医药学发掘、考证、整理和提炼，使侗医药学开始形成系统的、科学的侗族医药理论。

侗医药是侗族人民在生产、生活以及与自然作斗争的过程中逐渐积累起来的防病治病的经验总结，虽然具有一定的原始古朴性，但不论过去还是现在，都为保障侗族人民健康和民族繁衍发挥着积极作用。侗族医药是我国传统医学不可缺少的一部分，它不仅有着丰富的历史、独具特色的治疗方法等，还具有重要的文化价值和传承意义。加强对侗医药的挖掘、整理、开发及利用，让更多的人认识到侗医药的魅力和价值，更好地保护和传承侗医药这一国家级的非物质文化遗产，具有重要意义。

侗医药文献共收录44种，其中手抄本30种。《民用秘方集》等手抄本，虽严格意义上不属于古籍，但因含有大量古籍医药内容，故本书也将这类手抄本归于古籍文献。

◆ 现代文献

《侗族医药文化及侗族药物》

Medicine Culture of Dong Minority and Drugs of Dong Nationality

袁涛忠、郭伟伟主编。贵州科技出版社2019年出版，1册，418页。该书是在侗族传统语境下对侗族医药及其文化进行较全面研究的一部专著。全书以2011—2019年对侗族医药田野调查所获的侗族经口传承的医药资料以及药物标本为研究依据，以侗族传统文化为导向，通过诠释侗族医药名词术语和与医药相关的神话、遗闻轶事、歌谣，论述了侗族医药的定义、侗族医药简史、侗族医药的民族特点、侗族医药的哲学基础、侗族医药基本思维方法、侗族医药基础知识、侗族医药非物质文化遗产、侗族医药的传承发展；记述了侗族药物932种（1 061个品种），插图452幅。全书内容翔实、丰富，具有浓郁的侗族乡土气息和医药特色，是一部具有侗族医药历史价值、科学价值、文化价值、实用价值的文献资料，该书的出版有利于抢救、保护和发展侗族传统医药知识。

文献价值：

该书是一本依据2011—2019年对侗族地区侗族医药田野调查研究，结合侗族老人口述传统医药知识，以及记载和增补侗族传统药物标本而撰写的侗族医药专著。其内容翔实，分三个部分共十七章约70万字，从多方面记述了侗族医药。该书以《侗汉简明词典（初稿）》（贵州民族出版社第一版）为侗语语音和书写标准，记载了侗族医药名词术语226个、侗语传统药物名308个，与侗族医药相关的侗族神话、遗闻轶事、侗族歌谣40余首；在对侗族民间医生和见证了侗族医药历史的侗族老人口述医药知识汉译的基础上，用中文论述了"侗族医药的定义、侗族医药简史、侗族医药的民族特点、侗族医药基础知识、侗族医药非物质文化遗产、侗族医药的传承发展；记述了侗族药物932种（1 061个品种），经验方76个，从侗族医药知识和生药知识的角度记述了侗族常用的传统植物药267种，插图452幅。

文化和医药价值：

1. 内容全面，反映侗族人民医药文化的认识水平

本书以侗族民间医生及见证了侗族医药历史的侗族老人口述医药知识、与侗族医药相关的神话、遗闻轶事、歌谣和侗族传统药物标本为经纬，以侗族传统文化为导向，诠释了侗族人民关于生命与疾病的认知，记录了疾病名称、药物名称等侗族医药名词术语530余条和40个/首与侗族医药相关的神话、遗闻轶事、侗族歌谣。通过对这些内容的诠释，展现了侗族人追求身体健康的无限努力，表明其传统的医药文化是侗族人在同疾病作斗争的实践中创造的，是为人们的健康需求服务的。该书显示出侗族人民同疾病抗争的过程以及对所处自然环境、环境中的动植物的认知的动态过程，显示出侗族医药文化发展的背景、文化精神与文化立场，以及应有的文化情怀与追求，构成了侗族传统医药的当代医药文化价值。全书明确了侗族医药文化既包括侗族的世界观、人生观、价值观等具有意识形态性质的部分，又包括自然科学和技术、语言等非意识形态部分；明确了侗族医药非物质文化遗产是由侗族人长期口耳相传的以人为本的活态文化遗产，是侗族在其发展过程中创造的关于生命和疾病的知识以及与这些知识相关的实践、技能等表现形式。侗族医药非物质文化遗产是构成侗族文化认同的重要一环，是侗族文化遗产不可分割的一部分，把体现侗族优秀传统文化的侗族医药文化列入国家非物质文化遗产名录予以保护，可促进侗族古代优秀的医药文化遗产古为今用、创新发展。从这个意义上看，该书是一本体现侗族传统文化的医药文化书籍。

2. 科学完整地体现了侗医药特色

该书弥补了作者既往的侗族医药论著中以侗族传统文化诠释、解读侗族医药的某些不足，是系统研究侗族医药知识、有着非常浓郁的侗族乡土气息和民族文化特色的侗族医药专著。该书坚持侗族医药文化的真实性、完整性、传承性原则，体现了侗族优秀传统文化，具有侗族医药历史价值、文学价值和文化价值。

该书分侗族医药概述、侗医对生命的认知、侗族医药简史、侗族医药的传承发展、侗医基础知识概述、侗医疾病命名的特征、侗族药物的起源与发展、侗族药物文化、侗族药物的分类和命名、侗医用药的知识、侗族药用物种资源种类的构成、侗族药用植物凭证本、侗医常用药用植物等十七章记述。书中所阐述的侗族医药知识来源于侗族民间医生和了解侗族医药历史的侗族老人口述医药知识和药物标本，研究证据（录音、录像、实物标本、田野调查记录）真实可靠，记述内容丰富、翔实。该书用汉语翻译并阐释了侗族古代朴素自然观、古代哲学对侗族医药形成与发展的深刻影响；阐释了侗族传统的悟性思维是侗医认识疾病、治疗疾病的基础，象喻思维是侗医主要的医疗思维方式；阐释了侗族医药随侗族社会的发展而发展的三个时期，即"侗族原始社会的神灵主义医学观、侗族传统社会的侗族医药、侗族现代社会的医药"的侗族医药特征；阐释了侗族医药与侗族的巫师文化和侗族的多神信仰"共生"现象；阐释了侗族医药的定义；阐释了侗族医药文化是一种地域文化、侗族医药地域性的特点、不同地域侗族聚居区自然疫源性疾病与地方病、不同地域侗族聚居区侗族医药的发展差异；阐释了侗医对致病因素的认识；阐释了象喻思维方式是侗医给疾病命名的一种重要方式、侗医疾病的命名有着侗族社会不同的历史时期的命名特征和侗医的病名具有反映自然环境、侗人生活习惯及劳作方式与疾病的关系的特点，以及侗医的病名所表达疾病的临床科别分布；阐释了侗医的预防及保健观念；阐释了侗族药物的起源、品种及发展的形式、侗族药物定义、侗药药名文化、侗族药物的分类和命名、侗医用药的知识、侗医用药禁忌等；阐释了我们应正确对待侗族医药及其文化，优化思维，坚定文化自信，超越传统，创新发展侗族医药。全书把侗族医药的历史、文化、理论、经验及药物有机地结合起来，系统地讲述了侗族医药的历史源流和实际应用。进一步充实和拓展了侗族医药的基本理论、侗族药物品种数量和运用空间，且内容源于民间又经多方印证，注重地域性、传承性和民族性的融合，散发出浓郁的侗族原生文化气息，对侗族医药的研究、开发与传播起到积极的促进作用。

该书从侗族民间医生和了解侗族医药历史的侗族老人口述医药知识和药物标本实践出发来解释侗族医药基本理论、医疗观念的形成，对侗族医药的研究具有开创性；对仅以口传心授方法传承民间口述医药知识的传统医药研究而言，其研究思路、研究方法可供借鉴。

《草木春秋考释——106岁侗医经验方》

Textual Research on Caomu Chunqiu: 106-year-old Dong Medical Classics

吴定元原著，龙运光、吴必成、吴通照、龙滢任、龙彦合主编。贵州科技出版社2015年出版，1册，280页。该书是老侗医吴定元先生（1886—1991）90多年行医的经验总结，独具侗医药特点。吴老先生把自己从1902年开始至20世纪80年代初日常诊治各种病症的经验方法、方药和学习中医经典著作的心得体会等记录并归类，包括小儿推拿方法和"爆灯火"疗法，论面部、眼、耳、口唇、鼻、舌的色泽变化，论脉诊病法，论治各种筋（惊）症，论伤寒，论养生法，论小儿指诊，论单味药治病经验等内容，后由龙运光、吴必成等人整理、归纳、总结成书。该书是一本极具侗族医药特色的侗医临床专著。侗医吴定元运用侗医药治疗各种疑难杂症，其擅长小儿推拿，临床疗效好，为侗医药的继承和发展做出了极大贡献，为我国侗医药工作者的一面旗帜。1990年，吴定元于104岁高龄之际被列为全国第一批中医师带徒500名导师之一。该书是龙运光等侗医药专家在侗医师吴定元老先生的手稿《草木春秋》的基础上整理出版的侗医药著作，原稿《草木春秋》成书于20世纪70年代末至80年代初。贵州省卫生厅中医处、贵州省中医药研究所民族医药研究室曾组织团队对该书稿进行整理，但因多种原因未能如愿。黔东南州民族医药研究所原所长、贵州省名中医、主任医师龙运光同志退休后，邀约了吴必成等8位同道，克服诸多困难，对《草木春秋》书稿进行整理研究，历时2年有余，方整理、研究、编写完成该书稿，并重新订名为《草木春秋考释——106岁侗医经验方》。

文献价值：

原著全书分十五卷，约10万字。卷1为序言或前言，主要讲述了吴定元开始学医的目的以及做医生需具备的职业道德等。卷2～卷14论述吴老先生对各种病证（症）的辨证论治，理法方药的临床经验。卷15主要论述了侗医的诊断方法，介绍了侗医的望、闻、问、摸以及脉诊方法和诊断口诀。还介绍了一些中医诊断方法，供侗医参考。侗医的诊断口诀有"鉴面知病诀、鉴目知病诀、看病知病诀"等内容。该书对侗医传统疗法也做了叙述，介绍了侗医的小儿推拿、按摩、刮痧、火灯、放血、捏脊、背药包、药浴等传统外治法和内服、食疗、药酒、药膳等传统内治法。在疾病的分类上，侗医传统分类方法将疾病分为痧症、惊症、症疾、龟症四大类。其中痧症49类、惊症19类、症疾16类、龟症8类，共计92类小症。对每一小症的症状与体征等临床表现进行了简要的论述。如南蛇症，症见为"突然心似刀绞，恶寒，病人神志不清，只见病人两手抓脑"。对外伤类疾病分为疔、疮、癀、痈、丹、风、跌外伤、虫兽伤、刀刺伤、烧烫伤等各小类。该书收载侗药、中药500余种，收录侗族民间单验方200多首，这些方药多为吴氏经验方或总结前人所用的经验方。吴氏之经验方的用药法则主要体现出侗医"热症用凉药，寒症用热药，实症用下药，虚症用补药"的用药特点。侗医处方组方较为严密，用药适当，大多以单方为主，在药物的应用中主张多用鲜品。该书是一部以侗族传统医药学为基础理论，同时也融汇了中医药基本理论的侗医药专著。

医药价值：

该书是一部结合中医药理论和知识，以传统的侗族医药学理论为基础的侗族医药书稿，具有浓郁的地方性乡土气息，体现出侗族医药独特的理论、诊法、辨证施治、理法方药等特点，其学术思想和特色主要表现在以下几方面：

1. 诊　断

侗医在诊法方面有望、闻、问、摸脉四诊。诊脉时，病人掌心向上，医者以右手中指轻按患者掌心，食指压于患者中指根部，医者大拇指护着患者四指（患者的大拇指除外），使病人五指微屈内弯（呈半握状），名曰"闭塞黄河"，使气血归顺于脉部，不致浮散。然后医者用左手食、中、无名三指轻按患者寸、关、尺三部脉分定浮、沉、迟、数。吴先生认为在寸部出现浮数脉，多半是头痛、发热、夜梦、惊悸等病症，出现浮迟多是腹部受寒冷痛、胃中虚冷。在小儿指诊上更是别具特色，如在小儿脉法篇中记载有"小儿十指冷如冰，便是惊风病不安，十指梢头热似火，定是挟食又伤寒"等独具侗族医学特色的诊断方法。

2. 疾病辨证

该书是以脏腑辨证为基础，运用四诊结合辨证方法诊断疾病。吴定元认识到脏腑发生疾病，极可能从相应的体表部位反映出来。这与中医"有诸内必形于外"的论点是相一致的。

3. 对疾病的命名及分类

该书将临床错综复杂的内、妇、儿科各种不同疾病用取象比类的方法分为痧（乌鸦痧、狗痧、蛇痧等四十九痧），惊（天吊惊、看地惊、上马惊、下马惊等十九惊），症（南蛇症、鲤鱼症、蚂蚁症、鱼鳅症等十六症），龟（肉龟、气龟、血龟、米龟等八龟），共四大症、九十二小症。每一小症都各有一定的临床症状和表现。如白眼痧，其症"常翻白眼"；南蛇症，其症"突然心似刀绞，恶寒，病人神志不清，只见病人两手抓脑"；又如天吊惊，"因母亲在当风口处喂乳食，感受风寒，痰壅于胃所致，发病时口向前，脚手向后伸，眼中翻白"等各种特殊临床表现。对以上疾病都是以其各自的临床表现，用取象比类的方法进行分类命名及辨证治疗。

4. 治 法

吴老先生对疾病的治疗多采用因势利导、顺其自然、就其近而逐之为法。如内服、外敷、推拿、按摩、刮痧、捏脊、火灯、放血、背药包、药浴、药酒、食疗等方法都富有侗族医药特点和民族风格。在疾病的治疗方法上主要是应用民族药、草药和推拿、按摩、刮痧、放血、火灯、捏脊等方法，充分体现因势利导、顺其自然、就其近而逐之为法。如治疗南蛇症，其症"突然心似刀绞，恶寒，病人神志不清，只见病人两手抓脑"。治疗用雄黄5分，大蒜1个，将药共捣烂，用酒一次冲服；又用烟油（旱烟斗内烟油）适量，水半杯一次冲服下。又如，蚂蚁症者突然全身刺痛如针扎，心慌烦乱，治疗时用穿山甲片烧灰成性冲阴阳水服下立效。侗医认为蛇畏雄黄、烟油，蚂蚁畏穿山甲，所以吴老在治法上充分利用了相制、相克的生物自然关系而采用对症或逆其症候而治的治疗原则。

5. 处方用药

处方用药多选用当地的药材和民族药，以鲜品为主，用药精当，药味少而功效专一。多采用汤剂、散剂、酒剂及药膳等剂型。全书共记载了常用民族药、草药500余味，对其药物的主治功效均做了论述。记载了常用处方200多首，除有少部分是总结前人的经验方外，大部分是自拟方。在处方立法上不仅充分采用因势利导、顺其自然之法，而且还体现了寒症用热药（寒者热之）、热症用凉药（热者寒之）、实症用下药（实则泻之）、虚症用补药（虚则补之）的治疗法则。从处方配伍法度上看，虽没有明显的主、辅、佐、使，但却显得辨证切要，配伍法度严谨，方药组织严密，理法兼备，丝丝入扣，药味较少（最多13味，最少1味）而功效专一。药物多用鲜品、取其性味功能俱全等特点。

注：

书中治疗伤寒头痛，其中一个处方是用黄牛粪（男雄女雌）适量，用法是"上药调冷水服"。这类经验方值得商榷。此外，书中有使用穿山甲片的内容，按现在相关规定已不允许，读者应注意。

《中国侗医药史》
History of Chinese Dong Medicine

汪冶、田兰、田华咏主编。中医古籍出版社2014年出版，1册，418页。本书获得了国家中医药管理局民族医药文献整理项目立项资助，由湖南省怀化医学高等专科学校、湖南省湘西土家族苗族自治州民族医药研究所组织，在贵州省黔东南苗族侗族自治州民族医药研究所、湖南省通道侗族自治县卫生局、湖南省通道侗族自治县民族医药研究所、通道侗族自治县民族民间医药学会等单位和众多侗医药专家的支持和帮助下编写完成。

文献价值：

1. 该书系开展系统研究的成果

该书的编写经过三年多的田野调查和侗医药文献资料的收集整理，融入了众多的民间侗族医药文化。在此之前，有关侗族医药历史研究方面的专著未见公开出版，本书是首次开展侗族医药发展史的研究，抢救和保护了部分珍贵的侗族医药古籍，填补了系统研究侗医药历史的空白。

2. 该书广泛收集，文献价值较高

在编写时，编者将"文传"史料与"口述"史料两者紧密结合，收载历代"文传"史料于书中，体现《中国侗医药史》以史为鉴的特点。全书收集了古代中药本草著作中有关侗族药品种、20余本清代到民国期间的侗族医药相关手抄本等古籍文献，以及地方志中有关侗族医药内容，例如湖南通道县《通道县志》就记载了当地200种侗药。该书同时汇聚了2012年之前有关侗医药的研究论文，更难能可贵的是结合了侗族民间神话故事、医药相关谚语、侗族古歌和侗族大歌等多种口耳相传的形式，促进了侗族医药人文历史和丰富的传统医药知识的传承。

医药价值：

1. 文史结合，以文载道

本书由十三章及附录组成。书中分别介绍了侗族概况；古代侗族医药发展历史；近代侗族医药发展历史；现代侗族医药发展历史；侗医药文献考；历代侗药本草考等侗族医药文化史学内容。且按照历史脉络，从早期的医巫不分，到后期吸纳部分中医药辨证施治、诊断用药理论和知识的同时，仍然保留了侗医的诊断、疾病分类、擅长使用新鲜药物等用药实践经验来叙述和介绍。该书相对着重于侗族医药传统知识和临床用药的内容，在文化和历史方面的内容偏少，从本质上讲，作为医学史的内涵还有待积累和完善。但瑕不掩瑜，这些综合性的侗族医药史资料毕竟勾勒出了中国侗族医药的大致的轮廓，并提供了丰富而有价值的参考资料，为今后的深入研究打下了良好的基础。

2. 体现侗族医药特色

该书还收载了侗族医药发展分期；侗族医药学术特点；侗族保健与养生；多元文化对侗族医药的影响；侗医药科研机构与学术团体；侗医药科技与学术成果；历代著名侗医药人物；附篇中介绍了常用侗医药名词术语。尤其提炼了"天、地、气、水、人五位一体的侗医传统医学理论"、数量众多的病症分类、摸诊和划诊等特色诊断方法，以及侗药命名和处方用药特色等。

注：

（1）该书内容尚有不够妥善之处。作为一部有关侗医药史研究的专著，出于保护民族医药和民族文化的需要，抑或民族药开发的实际需要，书稿是以湖南、贵州等省侗族民族政区或其文化为核心、单元，其所具有的政治、文化意义，以及继承和弘扬侗族医药文化，促进侗族医药为临床、教学和科研服务的目的不容置疑，但如同该书前言所述，侗族医药是侗族人民在生活、生产及其与大自然斗争的过程中逐渐积累起来的自身防病治病经验总结，侗族医药不仅目前基础理论不够完善，而且书中目录和多个章节提到的侗医学、侗药学这两个学科的形成并非古已有之，而是今人整理总结而提出的。

（2）内容安排上有所欠妥。该书提到多元文化对侗族医药的影响，不可否认历史上汉族的医学知识曾影响侗族医药，侗族医药中也留下了某些中医理论的痕迹。但该书没有写出中医药等与侗族的传统医药交流融合的具体内容。另外，侗族医学发展分期，与前面第二章、第三章和第四章有类似重复之嫌；在历代侗药本草考一章中，收载的主要是中药本草著作，其中中国侗药名录的篇幅不小，置于侗医内容之前似乎不妥。

《中国侗族医药研究》

The Research of Dong Medicine in China

刘育衡、丁锋编著。湖南科技出版社2012年出版，1册，550页。本书是作者历经8年，寻遍侗乡、访采四方、融会己见而著。分为上、下两篇，上篇为总论，包括中国侗族及其医药发展简史及文化等；下篇为各论，共收录侗医病名1 655种，病证15种，侗药856种，医方2 007首。该书是一本医、药、方自成体系的专著。

文献价值：

湖南侗族医药调研工作由湖南省中医药研究院谌铁民、唐承安、刘育衡，湖南省通道侗族自治县畅德忠、吴永徐、黄建山等人，自1985年6月至1988年5月对湖南省通道县及周边县的21个乡镇、241个自然村进行侗族医药情况调查，采访了263名侗族医药人员，收集侗族民间医药手抄本32册（本），有关民间古籍医药书12册。在调研中收集到侗族民间单验方2 456个，侗医病名1 454个，侗医治疗方法18种，侗药药名2 161种，侗医诊疗器具8种。通过对所收集的"口碑"活体资料、手抄文献资料等进行文献整理，编写完成了《湖南侗族医药研究》专题材料，共约50万字。这些成果包括考证侗药689种，其中发现46种新药物资源的药用价值，以及436种药物临床的新用途；整理医方1 420首，非药物疗法7种，辨考病名938种、病证453种。随后十多年里，湖南省中医药研究院刘育衡、蔡光先等研究人员在湖南侗族医药研究的基础上，于1998年1月至2001年12月，对我国侗族医药进行为期四年的研究，其成果"中国侗族医药研究"于2002年通过湖南省中医管理局组织的成果鉴定，该项成果2002年获湖南省科技进步二等奖。作为该项成果的结晶，《中国侗族医药研究》一书得到了国家自然科学基金、国家新闻出版署、湖南科学技术委员会、湖南中

医药管理局的资助，湖南民委、贵州省中医药管理局、贵州省民委、广西民族医药研究会以及通道县、新晃县、黎平县、丛江县等县政府的支持，同时还得到了广大侗族医药工作者的协助。全书共有100余万字，分为上、下两篇，上篇为总论，包括中国侗族及其医药发展简史；侗族医学概述；侗族药物研究；中国侗族医药与瑶族医药的比较研究；中国侗族文化与医学的渊源。下篇为各论，包括中国侗医病症录。该书对于侗族医药工作者、科研人员等都有参考意义。

医药价值：

1. 考证有据

该书对侗族医药的起源和学术思想进行了概述，对侗族日常生活中的医药文化进行了考证，对侗族疾病的理论和认识，以及疾病的诊断、治疗和预防特点等进行了详细概括，尤其对侗医学特色"风证"进行了论述。全书收录侗医病名1 655种，病证615种，收录侗药856种；收录医方2 007首，具有侗族医药及其医药文化的真实性、传承性特点。

2. 客观比较得当

该书还特别对侗族医药与瑶族医药进行了比较，体现了多民族之间的医药交流和融合，说明该书作者对侗族医药比较客观、如实地进行了发掘整理。书中有多处提到中医药应用，研究侗族医药与汉医药（即中医药）及其他民族医药的异同，使人们更加完整地了解侗族医药的科学价值，对于发扬民族医学遗产具有重大意义。

3. 多学科综合应用

本研究采用社会—心理—生物—医学的研究模式，应用民族医药、民族学、医学人类学、民族植物学、民俗学等多学科方法，采用实证研究方法，学术性较强。研究侗族所特有的生态环境、社会活动、宗教文化、民族心理、民族习俗、经济活动等因素与医药的关系，有利于人们对侗族医药有更全面的了解，这对民族医学文化的传承和发展具有研究价值。

《中国侗族医药》

The Medicine of Dong Nationality in China

龙运光、萧成纹、吴国勇、邓星煌主编。中医古籍出版社2011年出版,分上、下两卷,上卷739页,下卷1 040页。本书由中国民族医学会侗族医药专家委员会组织编写,除前言、题词、序一、序二、绪论、后记外,共分十章,外加附录一、附录二,共计100余万字。本书全面地阐明了侗族医药的形成与发展历史;系统地论述了侗族医药的基础理论、诊断方法、治疗疾病的方法、预防疾病的方法、护理方法、侗医药物学等;重点说明了侗医方剂学的形成与发展;详细介绍了侗族医药的单方验方;生动地展示了丰富多彩的侗族医药文化;详细地分析了侗族医药与养生保健的关系;全面记载了侗族医药著名人物,侗族医药学术活动、学术团体、医疗单位、科研单位、科研成果、专著和学术论文。该书的编写受到湖南、贵州、广西等多个省(自治区)侗族医药领导和专家的重视和参与,是代表性、全面性和系统性较强的一本侗族医药百科全书型专著。

文献价值:

本书较为详细地介绍了侗族医药在不同历史时期的发展过程,系统总结了侗族医药完整的理论学术体系和丰富的实践经验,是对侗族医药的科学总结,是适用性很强的民族医药工具书。

医药价值:

该书较为全面地阐述了侗族医药的形成和发展史,系统地论述了侗族医学的基础理论、诊断方法、侗医治疗疾病的方法、预防疾病的方法、护理方法、侗族药物学等；介绍了湖南、贵州、广西三省侗族医药的单方474个，验方秘方2 458个，药膳方330个，摘录古籍《药品总簿》验方322个；展现了中国侗族地区民族医药文化和史志文化的研究成果，是侗族医药挖掘、整理的一大成果，对于侗乡人民防病治病、增强健康具有重大作用，有利于侗族医药文化的保护、传承和传播。

注：

该书存在如下不足：

（1）侗族医药部分内容的特色不甚明显。书中侗族医药单方、验方选录，收载侗医主治等内容有一定特色，但侗药的性味功能表述似乎与中药有很大的相似性，既说明侗族医药与中医药的交流和融合较密切，反过来也说明侗族医药自身特色的发掘整理还要加强。

（2）内容前后不一致。有关侗族医药单方、验方选录内容，湖南和广西项下收有侗医主治内容，而贵州项下没有该项内容，前后内容及格式不统一。

《侗族药物方剂学》

Formulaology of Dong Nationality Drugs

龙运光、袁涛忠主编。贵州科技出版社2009年出版，1册，398页。本书是国家中医药管理局"民族医药文献整理丛书"之一，分上、中、下三篇记载了黔东南州民族医药研究所于2002—2008年对流散在黔东南及湘黔交界地区侗族民间的侗族医药用药经验和方剂进行深入发掘、整理、总结和研究的成果。该书用侗文记录了侗族药物方剂489首及常用药物151种；论述了侗医治法与方剂配伍规律及侗医在确定病症、确定治法的基础上，按照组方原则开展的临床运用。本书资料翔实，整理规范，内容丰富，注重将侗医传统知识与现代研究相结合，具有较好的文献价值、医药价值，对侗医药学科的发展具有明显的促进作用，对于弘扬侗族民族文化、促进民族和谐及侗族民族医药发展都具有重要意义。

文献价值：

该书是侗族医药药物方剂的专著，为国家中医药管理局"民族医药文献整理丛书"之一。该书坚持了侗族医药文化真实性，以侗族口传医药知识为依据，注重侗族医药传统知识与现代研究相结合的研究方法，用侗文记录了侗族药物方剂489首及常用药物151种，引入现代多学科知识论述了侗医治法与方剂配伍规律及临床运用。该书具有历史价值、侗族医药参考价值，是关于侗族医药的第一部方剂学专著。

医药价值：

（1）民族性方面。该书以侗族民间口传的侗族用药经验、医方为依据，在侗医医药思想的基础上，论述侗医的临床治则、治法和方剂配伍规律等，包括侗医在临床观察和其思维方法的基础上的组方思路、侗医方剂的形成与发展、方剂与治法、侗医方剂的组成、侗医方剂的分类、侗医方剂的剂型、侗医方剂的经口传承的特征等内容。论述了侗医在对疾病的认识中，沿用了侗族"冲傩医学"、侗医的"五位一体"思想的观念。全书介绍了侗医治法、治则与方剂配伍原则，侗族医药复方组方配伍的"主帮配"原则，以及开展的具体临床运用。

（2）科学性方面。该书以科学方法论为指导，将侗族传统医药和现代生命科学相结合，以方剂为研究对象。上篇主要研究侗医经典方剂的组方原理、治法、方剂配伍规律、剂型选择、服用方法、方中药物配伍的主次关系和主治病症关系等。中篇按医学分科记述了侗医内科、外科、儿科、妇科、男科、五官科、皮肤科等各科常用方剂共489首，并试用现代药理学知识对某些典型侗医方剂的组方进行分析，反映出侗医方剂配伍的科学性。下篇记述了侗医方剂中的常用药用植物138种，药用动物13种。记述的侗族药物方剂名称、药物名称以《侗汉简明词典》《汉侗简明词典》为语音和书写标准，用侗族文书写并用汉语的同音字或近音字进行注音。本书对研究侗族医药具有较高的参考价值，是侗族医药药物方剂的研究专著，对侗医药学科的发展具有明显的促进作用。

（3）实用性方面。该书的编写以实用为宗旨。编者收集和整理各地民间常用侗族医药知识的经验及精华，查阅有关文献并结合自身多年的临床实践经验总结汇集而成此书。该书图文并茂，方药合一，重点突出实用性，其目的是使读者能了解、熟悉和学习侗族方药知识，达到学以致用的目的。该书确立了"方药结合"的指导思想，按"方药结合、以药带方、详药简方、结构分明、重点突出"的编写原则，将侗族方剂学、侗药植物学等整合为一体，做到既突出重点又保留侗族医药实用性的特色。

注：

（1）语言方面存在一些问题。本书中对侗族药物的侗语名称没有进行诠释，只用汉语近音字音译而不能表达其含义。

（2）侗族医药理论尚待完善。由于侗族过去没有自己完整、通用的民族文字，不具备记载自己民族丰富的传统医药文化的必要手段，对自己民族亲手创造的医药文化的起源、特征及演变过程等未能做出理论的解释，未能总结出侗医方剂中各药物的属性以及它们之间的相互关系等较系统的理论。该书总结出的侗族医药初步理论体系尚需进一步补充完善，相应地，侗族医药的方药知识也需要结合实际情况不断发展，才能反映出真实的侗族医药。

（3）20世纪50年代前，我国少数民族的成年人中文盲比例在95%以上，故书中涉及的20世纪前的侗族医药文献的真实性值得商榷。如本书记录的1683年湖南省通道县杨通跃手抄医书《玉历医方》就有"伤科"之说；1886年湖南省通道县龙怀仁编纂的《民间医学验方》等7本手抄卷书有"骨伤科"之说；20世纪50年代贵州省剑河县侗医吴定元编纂的《草木春秋》将疾病在症的基础上分为"内科、儿科、妇科、伤科、皮肤科"等。这类型的手抄医书很可能是居住在侗族地区的草医、民间中医等用汉语文字记录的侗族医药经验，是否为真正的古籍医药文献尚待证实。

（4）书名和内容的相关性问题。在侗医药目前发展存在基础理论不完善、侗医药尚未形成完整的疾病谱和成熟的侗族医药学科等前提下，书名采用"侗族药物方剂学"似乎不如"侗族方药知识"更接近现实和更合理。

《侗乡药膳》
Medicinal Food in Dong Village

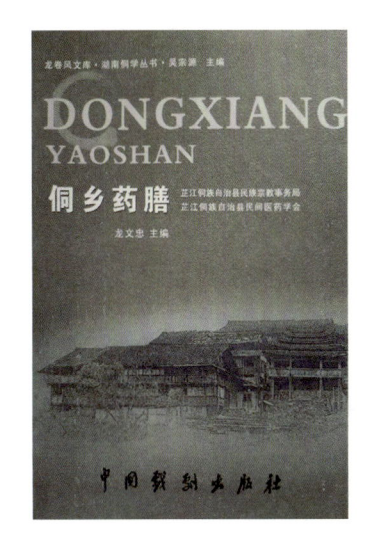

龙文忠主编，中国戏剧出版社2008年出版，1册，207页。

文献价值：

该书是对湖南芷江侗乡的民族民间名医和名老中医用药膳治疗疾病的经验的收集和整理。侗乡人民在长期的生活实践中，利用民族药物与民族食物相伍创造出药膳，既能饱腹充饥，强身健体，又能治病防病。书中有记载的药膳方，可操作性强，简单明了，便于掌握和应用。

医药价值：

该书分为三部分，第一部分介绍侗乡饮食文化的渊源及趣味神话，使读者能对湖南芷江侗乡饮食之特色和习俗有所了解。第二部分收集了芷江侗乡部分药膳秘方的配伍、制作方法、功效及临床适应证，将药膳分为内科、外科、妇科、儿科和五官科共五科适宜的药膳，这些药方材料易得，多则10来味药，少则只有一到两味，简单方便，实用性强。为便于广大民众亲身体验应用，在药膳的侗乡方言中尽量采用中药药名，以达到方便实用的效果。第三部分分别介绍了侗乡中医、侗乡侗族民间医的治病特长。全书内容丰富，汇聚了侗乡人民治疗疾病和养生的宝贵经验，也展现了侗族人民特色的医药文化和饮食文化，对促进少数民族药食两用植物的开发具有较重要的意义。

《侗药大观》
Summary of Dong Medicine

陆中午、吴炳升主编。民族出版社2006年出版，1册，369页。本书为"侗族文化遗产集成"丛书的第三辑（上），较全面地收集整理了散落在湖南省通道县侗族地区民间的侗药，以弘扬和传承侗族优秀传统医药文化。全书分为总序、序、前言、各论、侗药笔画索引以及后记。该书的主要内容为各论，根据药用部位，将常用侗药分为根及根茎类、全草类、花叶类、藤木类、果实及种子类、皮及其他类等六类共355种，每一种侗药附有原植物图，分别从正名、侗文名称、学名、别名、药材拉丁名、性味功能、临床应用、用法与用量等方面精选介绍。全书图文并茂，浅显易懂，是一本实用性较强且不可多得的侗族药物著作。

文献价值：

该书是在2000年湖南省通道县委提出"旅游兴县"的背景下，为了充分展示侗族优秀传统文化，由通道侗族自治县民族宗教事务局组织，在怀化医专、通道县人民政府助力下，在通道县调研员石愿兵、县卫生局石汉光、中国少数民族医药学会会长诸国本等部门和同志以及相关专家的支持和指导下，编者经过长期的资料积累和挖掘、整理，并参考有关资料完成的。书中每一种侗药附有原植物图，分别从正名、侗文名称、学名、别名、拉丁名、性味、功能、临床应用、用法与用量等方面精选介绍，通俗易懂，查询方便，突出实用性、注重通俗性和药用条理性，侧重传承性以及编排科学性，是一本实用的侗族药物手册。

医药价值：

该书通过对侗族医药进行收集、整理、筛选，收载常用侗药分为六类共355种，其中根及根茎类109种、全草类93种、花叶类31种、藤木类32种、果实及种子类57种、皮及其他类33种，全面反映了以湖南省通道县为主的侗族聚居区侗医药的使用情况。每一种侗药附有原植物图，分别从正名、侗文名称、学名、别名、药材拉丁名、性味、功能、临床应用、用法与用量等方面精选介绍，突出实用性和传承性，促进了人们对侗族医药文化的继承和了解，为侗族医药的发展做出了贡献。

注：

（1）该书出于保护民族医药和民族文化的需要，抑或政策扶植下的民族药开发的实际需要，其所具有的政治、文化意义，以及继承和弘扬通道县侗族医药文化，促进侗族医药为临床、教学和科研服务目的不容置疑，但对书名相关的整个侗族地区侗族药物的整理与研究的广度和深度发掘等内容没有充分反映出来。

（2）民族医药特色不足。该书部分药物偏重于应用中医药理论进行叙述，侗族医药的特色仅仅体现在侗文名称方面，应以实事求是的精神多开展具有特色的侗族医药发掘整理工作。

《侗族医药探秘》

The Exploring of Dong Medicine

萧成纹编著。岳麓书社2004年出版，1册，324页。该书是作者历经半个世纪的探索，经系统、科学地对侗族医药进行收集、整理加工而成的。

文献价值：

该书是湖南省通道县侗乡基层长期行医的萧成纹医师历经半个世纪的探索，长期走访侗族名老草医，拜师求教，艰苦、细致地查阅大量侗族医药古籍藏书而成。作者将侗医药历史、传说，侗医临床使用和验方等进行了收集、整理，并加入了自己的临床经验验证。全书内容丰富翔实，对研究侗医药有较高的参考价值。

医药价值：

该书系统地记录了侗族医药简史、民间故事传说、侗医药古籍藏书及对疾病的命名和分类、预防医学点滴、临床医学选录、民间单方拾萃、验方集锦、偏方歌诀50首。其中单方筛选出238个疗效确切的单味侗药，对其基源学名（拉丁名）、地方名、侗药名、性味功能、侗医主治病症和独特的用药方法进行了考证；收录了侗医古籍图书26本，15类大病症，以及140余名侗族医药人员无私献出的1 769条验方，其中有不少是经验方和家传秘方，涉及外科病种112个、内科病种98个，填补了侗族医药的一个空白。全书内容翔实，所记验方大多疗效可靠，具有较高的医学实用价值和科研价值，为后人进一步研究探索侗族医药奠定了基础。

注：

（1）该书较多内容是以中医药临床方法为主或者侗族医药和中医药兼而有之的联合用药方法，说明侗族医药与中医药的交流和融合较密切，反过来侗族医药自身特色的发掘和整理还要加强，方能发掘和整理侗族医药本真。

（2）该书中古籍图书收集内容不够完整，未对侗族各大病症中的小症进行详细介绍。

《侗乡行医五十年》

Practise Medicine Fifty Years of Dong Township

萧成纹著，通道县欣华印刷厂2004年印制，为内部资料，1册，208页。

文献价值：

该书是汉族医师萧成纹一生扎根通道县侗乡，行医半个世纪亲身经历的真实写照。作者系辛亥革命老人萧志仁先生的独生子，出身书香门第。其一生坎坷，但始终奋发向上，不畏挫折和艰险，开拓进取，勇于创新。他始终相信党和人民，在任何岗位上都默默耕耘，无私奉献，争取得到人们的理解和社会的认可。作者退休后创办通道县老年科学协会卫生分会并出任该分会会长，常下乡为侗、苗、瑶等各兄弟民族人民义诊。将其行医经历整理成书，对研究地方侗族医生的成长过程具有一定的参考价值。

医药价值：

作者行医50年，临床经验丰富。退休后继续从事中医药、老年医学和民族民间医药研究，与众学者不断地交流临床经验，取长补短，并收集了侗乡许多有价值的医药史料。作者将自己在侗乡行医半世纪的经历等编写为此回忆录。该书主要记载了作者印象深刻的行医经历片段、相关的文献报道以及部分名医介绍等内容。从该书中既可学习借鉴作者的临床经验等，又可了解作者从侗乡收集的许多有价值的医药史料，为侗族地区民族医药的研究和传承起到积极的作用。

《悬壶侗乡六十载》

Practise Medicine Sixty Years of Dong Township

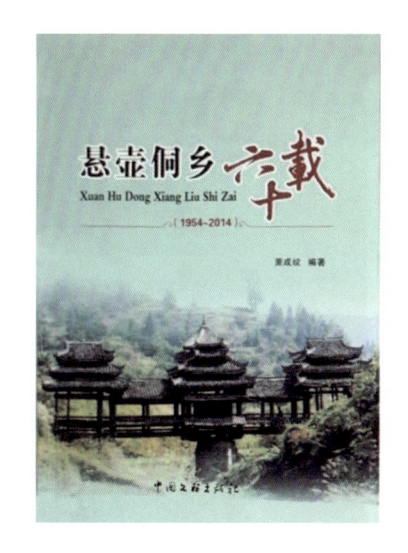

萧成纹编著，中国文联出版社2014年出版，1册，702页。为2004年出版的《侗乡行医五十年》的再版，并丰富了行医经历。

文献价值：

该书记载了作者1954—2014年在侗乡为发展民族医药卫生事业60年行医的艰苦奋斗岁月。萧老医术精湛，一生都在为医疗卫生工作付出，深受当地侗乡人民的爱戴。该书同时也记录了侗族地区基层医药事业的发展过程，可供侗族医药研究者及相关人员参考。

医药价值：

萧成纹医生是通道侗族人民的好医生，已耄耋高龄的他曾踏遍湘、黔、桂、鄂、滇等省区的15个民族县，138个乡镇、村，行医行程5万多公里。他刻苦钻研医术，精心挖掘、抢救侗、苗、瑶等少数民族医药遗产，搜集、整理了3 500多条濒临失传的侗族医药单方、验方、偏方和秘方，并先后编撰了专著12本、内部资料8本，发表医学论文112篇。此书为萧老自传性质的著作，书中记录了大量的侗族医药药方等珍贵资料，为民族医药的传承和发展作出了贡献，值得深入研究。

《侗医吴定元小儿推拿经验》

Experience in Infantile Massage of Dong Nationality Doctor Wu Dingyuan

龙运光、陆一纯编著，贵州科技出版社1993年出版，1册，80页。

文献价值：

该书记载了侗族名医吴定元的小儿推拿经验。百岁老人吴定元先生，是闻名湘、黔、桂三省区的侗族主任医师。其小儿推拿技术经验丰富，远近苗家、侗寨妇女怀抱婴幼儿求医者众多，络绎不绝，吴定元医生治病大多手到病除，无不应验。贵州剑河、三穗、天柱、镇远一带和湖南通道、广西三江等地的许多民族民间医生受其指点，他们利用所学到小儿推拿技术、灯火疗法等为各族同胞治病，深受广大群众欢迎。该书是一本学习侗族推拿技术的重要参考书，值得临床工作者研究和参考。

医药价值：

侗医小儿推拿常用手法有推法、直推法、旋推法、分推法、揉法、按法、掐法、捏法、捏脊法、挤捏法、摩法（指摩、掌摩和旋摩）、运法、滚法、搓法、拿法、摇法（肘关节抖摇法、颈项部摇法、肩关节摇法、腕关节摇法和踝关节摇法）等各种不同的推法。该书记载了吴医生小儿推拿手法的技术和经验，对侗族医药技术传承做出了贡献，有较高的研究价值。

《侗族医学》
Traditional Dong Medicine

陆科闵主编。贵州科技出版社1992年出版，1册，共389页。本书系作者1984—1990年对黔东南侗族地区侗族医药调查研究成果，分上、下两篇。上篇包括侗医基础理论及侗医简史、侗医学术思想、侗医病证与诊断治疗等以及对常见218个病证的认识；下篇记载了作者对侗药的炮制、侗药性味的认识，依侗药的汉语近音字名称、侗语药名、汉语俗名等顺序记载了294种侗族药用植物。该书是我国关于侗医药的公开出版的第一部学术专著，是一本具有一定历史意义和参考价值的侗族医药书籍。

文献价值：

该书记录了黔东南州民族药物研究所陆科闵等人于1984—1990年对黔东南92万人口的侗族聚居区侗族医药的调查研究结果，是国内第一部用侗文记录当时侗医常见的218个病证的名称和侗医常用的294种侗族药用植物知识的侗族医药书籍。该书对于侗族医药以及侗族医药文化的保存和传播具有历史意义，对研究侗族医药、侗族医药文化具有较高参考价值。

医药价值：

1. 临床应用

在研究侗族医药的文献中，本书第一次提出了侗族的"早期冲傩医学"、侗医的"天、地、气、水、人五位一体"思想、侗医病证、侗医疾病分为"冷病与热病"等观念。该书依每一病证的侗语病名的汉语近音字名称、侗语病名、汉语译名、临床表现、诊断和治疗原则以及治疗的顺序等记叙了当时侗医常见的218个病证，用当时侗医对临床症状的认知叙述了疾病的临床症状，以及药物治疗或非药物治疗过程。这对于研究侗医对疾病认知、侗医临床治疗理念的达成具有一定的参考价值。

2. 药物知识

该书依每一种药用植物的侗药的汉语近音字名称、侗语药名、侗语别名、汉语俗名、基源、植物形态、生态环境、药用部位、采集加工、化学成分、药理作用、性味功用、主治、用量、用方的顺序记载了294种侗族药用植物。这对于研究侗医对药用植物的认知、侗族植物药的临床应用具有一定的参考价值。

注：

（1）语言方面存在不足。侗医的"天、地、气、水、人五位一体"思想、侗医"病证"、侗医疾病分为"冷病与热病"等观念，这些观念在侗语固有词汇中没有与之相应的词或词汇、术语，传统侗语不能表达这些观念的内涵及外延。本书中侗文的应用存在诸多不足。

（2）内容安排上稍欠妥当。一般民族医药以药带医、药多于医可以理解，但本书以侗族医学为书名，上篇侗医部分相对于下篇侗药偏少，实际临床应用的内容不够，导致书名与内容相关性不够。另外，书中有关病证、病症术语混淆。

（3）笔误及术语错误，该书文字和术语存在一些错误，例如在侗医常用药物中，"黄柏条"下，"芸香科"错写为"云香科"，"小檗碱"错写为"小蘖碱"，"苷"错写为"甙"，"马桑内酯"错写为"马桑内脂"等。

《侗族常用药物图鉴》
Ustrated Handbook of Drugs Commonly in Dong Nationality

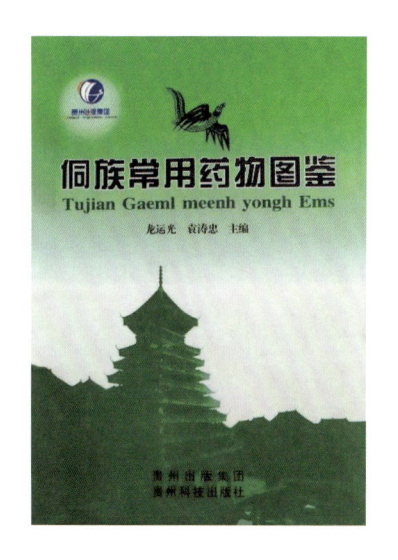

龙运光、袁涛忠主编。贵州科技出版社1990年出版，1册，523页。书中收录的图片，向人们提供了有便于记忆等特点的真实的侗族药物知识。该书是一本具有历史价值和参考价值的侗族药物专业性图鉴。

文献价值：

该书是由黔东南州民族医药研究所以侗族常用药物为主题，按照图鉴的编撰形式，记录2002—2007年对黔东南地区的侗族药物调查研究结果。全书内容是以侗族地区野生的侗族药物标本为物证，以侗族民间口头传承的医药文化为佐证，遵从一物一名原则，按侗族药物的分类和药物侗语名称的拼音字母顺序排序，用侗族语言较系统地记录了侗医应用较广泛的植物药303种，动物药36种，矿物药9种。该书记载的侗药以《侗汉简明词典》和《汉侗简明词典》为语音和书写标准，规范侗族药物的侗语名称，以规范后的侗药名称为药物的正名。药用植物的拉丁文学名、中文名以《中国植物志》和《贵州植物志》为准；动物的拉丁文学名、中文名参考《中药大辞典》为准，矿物的英文名参考《牛津英汉辞典》。本书最大的特点是通过书中收录的大量图片使读者对传统的侗族药物有较直观的认识，向人们提供和传播真实的侗族药物知识。

医药价值：

该书简述了黔东南侗族聚居地区1 484种药用物种中的药物734种（占49.46%），简述了侗族不同的聚居区侗族药物表现出明显的地域性。重点对当地侗医常用的348种药物按侗语名、侗语名的汉字同音字或近音字注音、基源

（包括中文名和拉丁学名）、形态、生境、分布（仅记述在我国侗族聚居的省区的分布情况）、现代研究、应用和用量（均将民间侗医、药匠的原用量换算为以克为单位的现代用量）等九项进行记叙，并附有该药物的实物照片。本书是研究侗族药物的入门钥匙和研究侗族药物的实用指南性资料。

注：

（1）本书的附录中沿用了侗族"冲傩医学"、侗医的"五位一体"思想观念。但是，"傩"是一种古老的祭神跳鬼、驱瘟避疫、表示安庆的娱神舞蹈，"冲傩"是傩堂戏中的法事的名词，"傩"与侗族的"sangh（巫师）""xeip（鬼师）"等概念有所不同。传统侗语固有词汇中没有与侗医的"五位一体"思想相对应的词或术语，不能充分表达侗医的"五位一体"思想的内涵及外延的概念。

（2）本书对侗族药物的侗语名称没有进行诠释，用汉语近音字音译不能表达其含义。

◆ 古籍文献

《正体秘录》
Bonesetting Method

  1册。成书于明代万历三十六年（1608）。该书经历代转抄，现抄本存于广西壮族自治区三江侗族自治县谭正荣处。该抄本为谭正荣祖传正骨技法的手写侗医著作。抄本详细记载了谭氏祖传正骨技法，如骨折、脱位、断筋、出血等的诊疗方法。该书是一本桂北侗医正骨技法的医药专著。谭氏祖传总结的侗族民间正骨药物和医疗经验，对侗医的保护和传承具有历史意义，可为后续的侗医药研究提供参考。

《秘传医方》
Secret Prescriptions

1册，142页。该手抄本系湖南省通道侗族自治县播阳龙吉村粟丰厚医生所存的侗医药古籍藏书，源于明末清初时期祖传先师吴田禄，经吴万年、石金明、粟代保三代递传。全书载有药方344个、病名324个、常用侗药411种，另附医理、药理简要综述。

《药品总簿》
Drug Summary

1册，112页。系乾隆三十二年（1767）侗医杨志手抄《秘传医方》而成，内容、形式大都类似于《秘传医方》，记录了《秘传医方》原作者吴氏的祖传秘方、单验方，并汇集当地各侗医药专家学术精华。全书含药方327首，侗医病名307个，侗药329种。

《玉历医方》
Yuli Medical Prescription

1册。该抄本为湖南通道侗族自治县坪坦乡阳烂村龙通跃收藏，原书成书于康熙二十二年（1683）。该手抄本记载了用草药医治骨伤的相关知识，使侗乡龙氏接骨技术流传至今，在通道侗族民间有较大的影响力。

《本草医方》(一)
Herbal Prescriptions(No.1)

1册,抄于清康熙三十三年(1694)。抄本中有插图239幅。《本草医方》为湖南通道侗族自治县民间传抄本,流传民间300多年。该书图文并茂地总结了通道民间侗族药物和医疗经验,对侗族医药的保护和传承具有历史意义,可为后续的侗医药研究提供参考。

《百零八救世奇症仙方四十翻》
A total of 108 Peculiar Diseases and Treatment Methods

1册，30页。原书为清乾隆二年（1737）贵州省黔东南苗族侗族自治州天柱县丹平山石刻碑文版本，碑文中记载了侗医诊断方法，将疾病分为24大证、72小证，以及49种痧症证治方法，涉及伤寒、温疫、中暑、霍乱等病。该书在民间广为流传，后经福建长乐人陈念祖（字修园，号慎修，另字良友）整理，并附经验百病内外方，于咸丰辛亥年（1851）改名刊行。改书名为《急救奇痧方》，书中介绍了54种痧证及治疗方法。在治法上主要突出传统外治方法。《急救奇痧方》一书陈念祖原序中曰："乾隆年间，黔中人多感异证，病发辄立死，方书不载治法。有人于丹平山得神授奇方，分四十九痧，全活甚众。后此方传至关中以治诸怪异急证，无不奇验。道光壬午年粤东奇证，多有相似者，偶得此方，试之立效。当经刊布。今岁夏秋之间，浙中时疫，俗名'吊脚痧'亦颇类此，爰急重梓，以广流传。至原抄本内，字画容有一二，讹脱之处，无从考证，姑仍其旧，以俟知者。"五十四痧症病名如下：夯牛痧、鳝鱼痧、蝎虎痧、黄鹰痧、喜鹊痧、蚊虫痧、猫痧、缠丝痧、狐狸痧、兔子痧、狮子痧、鱼痧、虾蟆痧、乌鸦痧、脚鱼痧、蚰子痧、海青痧、鹌鹑痧、蜒蚰痧、鹅痧、蜻蜓痧、醋猪痧、老鼠痧、蜈蚣痧、血流不止痧、凤凰痧、白眼痧、羊毛痧、蚂蚁痧、秋蝉痧、鹰嘴痧、野雀痧、鸭子痧、鹰痧、血腥痧、莽牛痧、鹊子痧须、蜜蜂痧、鹿痧、珍痧、蛇痧、豆喉痧、蚯蚓痧、蝎子痧、鹁鸽痧、鸡子痧、螳螂痧、老鹳痧、猿猴痧、羝羊痧、母猪痧、象痧、羔羊痧、哑叭痧。

医药价值：

原碑文中记载了侗医诊断方法，将疾病分为24大证、72小证，以及49种痧症证治方法，涉及伤寒、温疫、中暑、霍乱等病。痧症治疗方法被陈念祖收录增加为54种。该书是专门记载痧症急救方法的著作，同时对伤寒、瘟疫有一定记载，对研究侗族民间瘟疫疗法很有价值，对侗医的保护和传承都具有历史意义。

《医方济世》

Prescription for Saving Lives

1册。湖南省通道侗族自治县播阳镇龙吉村侗人吴田禄于清乾隆三十二年（1767）所抄写。书中记录了侗医祖传秘方、验方和医疗技术经验。

《救世医方集》
Prescription for Saving People

1册，120页。本书为嘉庆十八年（1813）吴万清口述传给侗医陈家修，经传抄保存，载有药方337首、病名321个、实用侗药401种。

《医宗后继》
Medical Circulation

1册。湖南省通道侗族自治县播阳镇吴田禄弟子吴万年出师后，开设"医宗药店"。吴万年于清嘉庆十八年（1813）撰写了《医宗后继（记）》，该手抄本流传至今。吴万年曾先后在播阳、县溪、菁芜洲等地开办草药铺，为群众治病。该书总结了侗族民间药物和医疗经验，对侗医的保护和传承具有历史意义，可为后续的侗医药研究提供参考。

《本草医方》（二）
Herbal Prescriptions（No.2）

共4卷，49页。贵州省剑河县凯寨侗医姜念儒著，为手写本。成书年代为清道光六年（1826）。姜氏在本书序言中写道："自幼及壮，几战童军，功名未就，抱负不酬，今丙戌，母亲沉疴，符药之余，辄取古人之方，及祖传秘术。"

所著内容不详。

《群方备要》
Summary of the Important Formulations

原书成书于清道光八年（1828）。共7卷，卷一126页，卷二108页，卷三76页，卷四166页，卷五96页，卷六108页，卷七116页。现存本为湖南省靖州苗族侗族自治县侗医杨进良所藏本。《群方备要》原书是清代道光年间靖州唐极三先生所著（大元堂藏稿）。每卷在病证后介绍医方1首至数首。所介绍医方多数为传统医方，部分为当地民间医方。

《民间医学验方》
Folk Medicine Prescription

共7卷。光绪八年（1882）龙氏骨伤第6代传人龙怀仁（1862—1951）自幼习读诗书，通汉语，继承祖传接骨技术，结合阅读汉民族的中医理论书籍，曾撰写《民间医学验方》手抄卷书7本，收集侗族民间有效验方500余首。该书一直为龙家珍藏，可惜于"文化大革命"中被付之一炬。

《灵丹草药》
Quick Acting Herbs

1册，12页。系侗医吴万清于光绪二十八年（1902）记录的侗族民间医药验方，包括验方41首、病名27个、用药112种，开页见症见方。

《二十四惊症》
Twenty-four Syndromes for Scare

在湘西民间有多种关于小儿二十四惊症的手抄本，主要是对小儿急性惊症的诊治记录。其治法特点为外治为主，兼内服药物。

彭承松藏本《小儿二十四惊》抄本，为龙邑文童彭建堂抄本，抄于清光绪十八年（1892）壬辰春三月中旬。抄本中记述了"慢惊、上马惊、下马惊、急惊、散子惊、肚痛惊、马蹄惊、脐风惊、急鱼惊、蛇丝惊、左脉惊、右脉惊、湖热惊、水泻惊、看地惊、还食惊、天吊惊、内吊惊、速魂惊、乌鸦惊、膨胀惊、颈口惊、弯弓惊、盘肠惊"共24种惊症。每种惊症中介绍了症状及治疗方法。

彭大善抄本《二十四惊症》为图文本，对每种疾病的表现形式有图为示。24种惊症名为"百马玄蹄惊、卡地惊、木马惊、铁蛇钻心惊、路中伸腿惊、飞娥扑火惊、就鱼惊、盘蛇惊、暇子惊、蜘蛛惊、水泻惊、弯弓惊、肚痛惊、天吊惊、克马惊、乌鸦惊、团鱼惊、鲤鱼惊、上马惊、长蛇惊、看地惊、盘胀惊、缩阴惊、猴子惊"。

赵善林抄本《二十四惊风》中惊症名为"蛇丝惊、马蹄惊、脚鱼惊、乌纱惊、肚胀惊、潮热惊、一哭一死惊、缩纱惊、脐风惊、慢惊、急惊、弯弓惊、上吊惊、内吊惊、胎惊、月家惊、盘肠惊、锁心惊、鹰爪惊、吐逆惊、撒手惊、看地惊、袒子惊、气忡惊"。

《骨伤医方集》

Orthopedics and Trauma Medicine Prescriptions

1册,龙儒恩抄写于清末至民国期间。该书继承龙氏祖传骨伤经验,是龙儒恩之父——龙氏骨伤的第6代传人龙怀仁的医术总结。

《民用秘方集》
Folk Secret Recipe

1册，166页。本书系清末侗医先师林文志、杨进敏、吴显魁、吴绍汤等四代相传的侗医药手抄本，抄于1918年。其中载有主治病名382个、药方491首、实用侗药521种。

《救世医书》
Salvation Book

  1册，该书为湖南省通道侗族自治县播阳镇独坡乡坎寨村杨柳香、团头乡古伦村粟团保、独坡乡金坑村杨柳禄、小寨村杨再高、虾团村吴世昌、岩桥村吴世高等侗族人传抄的侗族医药抄本，抄写时间大约在1929年。

《救世药方》
Salvation Prescription

1册。该书为湖南省通道侗族自治县播阳镇独坡乡坎寨村杨柳香、团头乡古伦村粟团保、独坡乡金坑村杨柳禄、小寨村杨再高、虾团村吴世昌、岩桥村吴世高等侗族人传抄的侗族医药抄本,抄写时间大约在1929年。

《小儿推拿医学》

Massage Therapy for Children

  1册，该书为湖南省通道侗族自治县播阳镇独坡乡坎寨村杨柳香、团头乡古伦村粟团保、独坡乡金坑村杨柳禄、小寨村杨再高、虾团村吴世昌、岩桥村吴世高等侗族人传抄的侗族医药抄本，抄写时间大约在1929年。

《二十四惊风图解》

The Illustration of Twenty-four Syndromes for Scare

1册，24页。湖南省通道侗族自治县小寨村杨再高于1929年抄写收藏。本书记载了侗医常见的"惊"病的20多种形象性命名和治疗经验方法，根据症候的表现形式来区别和掌握各种惊症的诊断、治疗，且对各惊症均附有形象图和治疗穴位、治疗方法。

《药要须知》
Notes on Medicine

1册，114页。1937年湖南省通道侗族自治县县溪镇地阳坪村茶溪侗医粟云亨接受李大顺入门传度而立册之手抄本。书上注有上关祖师杨金明、龙保堂、陈克帮、韦进通、韦进道、陈通能、陈孝忠等各侗医药大师之方，以汉文替代侗语记叙病名、药名，为李大顺、曹江昆、曹政益叩度立笔之作。全书载有药方479首，医治病名371个，侗药478种，开页概选医理，续而举方，末页示图。

《民药传书》
People's Medicine Biography

1册，38页。该书为1940—1950年湖南省通道侗族自治县播阳镇龙吉侗医粟丰厚继承其祖父粟代保治疗小儿科疾病的侗医药治疗验方，计有小儿科病名88个、侗药方110首、侗药132种，开页见症方。

《小儿痘疹治疗方药》
Treatment of Children's Acne

1册,湖南省通道侗族自治县独坡乡林均恩等侗医于1947年传续龚良松等侗医的抄本。龚氏在湘、黔、桂边区行医,以专治小儿疾病而闻名。

《小儿医方集》
Prescriptions for Children

　　1册，42页。为湖南省通道侗族自治县独坡地坪寨侗医黄保信和侗医龚良松两人所藏存，1949年5月复制，传于吴世高、林均师、林能忠、林能美、吴富祥、文才主、吴永祥、林为木等诸师门徒，于1988年再次复抄存留。该书集方107首，记载医治杂症65种、侗药155种。

《秘方点滴》
Secret Recipe Summary

1册，30页。该手抄本为湖南省通道侗族自治县独坡乡地坪寨侗医黄保信于1967年所记录的"各老草医向党献宝座谈会"之验方集，共计80个秘方、76个病症、108种侗药。

《秘诀方歌》
Drug Ballads

1册，9页。该书由湖南省通道侗族自治县双江镇杆子村侗医杨时权于1974年收集侗乡各地民间临床实践经验方或自拟的侗医药方剂50首而编成。

《草药医名录集》
List of Herbalists

1册。该书为吴永徐于1986—1988年对湖南省通道侗族自治县民间草医药人员的调查记录，书中探讨了侗医药的沿革，论述了侗族民间草药医生的质量、数量及其分布情况。

《家用草药集》
Home Herbs

1册，186页。该书系龙治忠医生所藏侗医药古籍书，记有侗族民间古代、近代医方876首，病名371个，传统常用侗药612种，是当地侗医药手抄本中收载医方、病名、侗药较为全面的一部侗医药手抄本。

《侗族医药》
Dong Nationality Medicine

1册。刘光照收藏。20世纪80—90年代剑河县刘光照将李和尚之徒王元坤以及侗医姜彦儒（著有《本草医方》8卷，仅存2卷）的口传和部分手抄本整理，编辑为《侗族医药》。《侗族医药》中记述的病症分别按传染病、内科、外科、儿科、妇科和妇男科等分类，还将一部分侗医的症名译为中医或西医相对应的疾病名称。

《医家垒》
Yi Jia Lei

1册。编写时间不详。黔东南民间侗族巫师的传抄本《医家垒》，是一本与医家密切相关的手写抄本。抄本中记载有："天上生人是股气，地下养人是水土，气多气少人遭病，人死断气转化水。"该书还认为："人的生存没多久，依赖有气和有水。""谁吃粮食不生病，生病是有原因。"该书记载了"着凉、天热、湿水、淋雨、受风、饿饭、发疯、蛇、虎、虫、草、鬼、山神"都会降病给人们等有关疾病成因的内容。在《医家垒》一书中，诠释了侗医药"天、地、气、水、人"五位一体的医药理论。

第三部分

土家医药著作

概 述

土家族是世代居住在湘、鄂、渝、黔毗连地带的一支历史悠久的少数民族，土家族以"毕兹卡"（本地人的意思）为族称，主要聚集于湖南省武陵山区、湖北省西部、重庆市东南以及贵州东北部等地约10万平方公里的区域。

据历史考证，土家族世居的武陵山地区在旧石器时代就有古人类活动，从新石器时代开始历经彭头山文化、高庙文化、大溪文化、屈家岭文化、龙山文化、商周文化至巴文化、楚文化和秦文化等文明的融入，濮人、楚人、巴人、秦人、彭氏等古人先后迁入了土家人世居地域，并与原住先民以及先后迁徙而入的其他古民族相互融合，逐渐形成了具有共同语言、共同地域、共同经济生活以及共同心理素质的稳定的民族共同体——土家族。1957年1月3日，国家正式颁发文件，确认"土家族"为正式族称。土家族有自己的语言，土家族语言属汉藏语系藏缅语族，是比较接近于彝语支的一支独立语言；无本民族文字，大部分土家族人兼通汉语，一般用汉字记载自己的思想语言，传承本民族的历史文化。

土家族聚居区域地缘条件独特，山地面积约占总面积的70%，主要包括武陵山、大娄山和大巴山。聚居区域内溪河众多，主要有清江、酉水、澧水、武水和唐崖河五大河流。土家族聚居地区的自然地理环境在空间上形成了一道天然屏障，如清道光《施南府志》所描述："外蔽夔峡，内绕溪山，道至险阻，蛮僚错杂，自巴蜀而畋荆楚者，恒以此为出奇之道"，这在交通、信息不发达的时代，延缓了其他民族文化在土家族区域的传播和发展，孕育和发展了多元化并有自身特色的民族文化。

土家族医药是祖国传统医药的重要组成部分，同其他民族医学的发展轨迹一样，土家医学的产生也与人类的生产生活密切相关，人们在日常的生产生活实践中积累了许多防治疾病的方法。长江三峡地区是先秦时期巫文化重要发源地之一，是土家族重要的聚居地。因此，巫在其产生之初就必然对土家先民产生了直接的影响。土家族的"梯玛"文化延续至今。族群中的巫师自称"梯玛"，他们

"皆通医道,皆事医术";巫师所掌握的医药知识与土家先民在生产生活实践中自发获得的医学知识一道,他们"神医结合""神药两解",为人治病,借人招魂,充当土家民间治病消灾的祈祷者和保护神。他们在治病消灾的过程中不断学习,完善土家族民间医药知识,又不断实践、探索、创新。因而他们逐渐掌握了土家族民间使用的推拿、按摩、拔火罐、爆灯火、点穴、扎针、荨麻蜇刺、麝针等各种民间医疗技术,又会做法事、谢神、酬神、冲傩还愿,为人们消灾除病或赐以子嗣,这样,"神药两解",既使病人精神上得到解脱,又增强了病人对治疗好疾病的信心,起到了"药到病除"的效果。

作为"梯玛"文化的古籍代表作《梯玛歌》是土家族的"巫师"或"土老司"请神祭祀过程中所唱敬神之歌,被誉为"研究土家族文化的百科全书"。《梯玛歌》融合了天地神人、世间万物、农耕狩猎、历史社会、生命态度等,反映了土家人的宗教信仰、生命意识、人文传统以及美学观念,也包括较早的土家医药的记录。

此外,早期的道教文化对土家医药也有巨大的影响。在土家族"药匠"(医生)中和土家族民间广泛流传着两个故事。一个是太上老君派弟子(五斗米道张修)下凡为民治病的传说,另一个则是药王菩萨(孙思邈的化身)为民治百病、最后骑白虎登天的传说。孙思邈医、道兼修,其所论"三元",出于《千金方》一书,书中提到"头、腹、足为三元也",已能初步说明一些最重要的生命现象,而被土家医推崇,将"三元学说"作为自己的指导思想。

清雍正年间的"改土归流"、废除土司制度,使汉医汉药的理论深入土家族地区,使土家族地区品种繁多的民族中草药资源得到进一步的发掘,土汉医药结合使土家族医药得到进一步的提高和升华。后来出现了一批有识之士,他们运用中医药理论整理土家民族医药,著书立说,使土家民族医药发扬光大。鄂西土家族名医汪古珊编著出版《医学萃精》16卷,由其门人刊刻于1896年。此书在传统中医学基础上,集鄂西清末以前土家族医学之大成,具有显著的民族性、地方性。书中用"三元学说"诠释人体的结构与功能,并阐述"三元"与人体物质气、血、精的有机联系,以及"三元"与气血、冷热的基本病理变化等,是融土家医药与中医药于一炉的标志性著作,标志着土家医药理论框架的初步形成。此外还涌现出了《杂症灵方》《急救传方》《外科从真》《女科摘要》《玲珑医鉴》《中草药考证》《验方集锦》《医方守约》《医方济世》《秦世津梁》《拯危备要》《汤氏医案》《褚氏医案》《民海医案》和《医学风采录》等运用中医药理论总结土家民间中草医药的著作。在土家族聚居地区民间还流传着许多医药手抄本，如《医法医案》《草药三十六反》《血道专书》《蛮剪书》《草药汇编》《医学秘授录》《医方精选》《陈为寿记》《医学指南》《眼疾诊史》《二十四惊症》《七十二证》《二十四惊风》《老祖传秘方》《急救秘方》等，使土家族医药得以传播并得到新的发展。

清末至1949年中华人民共和国成立前由于受西方列强的侵略和国内战争的影响，中医药和民族医药的发展受到了冲击，土家医药的发展曾一度停滞不前。但由于土家医药在民间经济实用，疗效显著，对于防病治病仍发挥了重要作用。此阶段出现了不少民间医药的抄本，如《老祖传秘方》《急救药方》《二十四惊症》《七十二症卷》《各方药草》《草药十四反》《擒拿二十四气》和《外科必要》等，使土家医药得到很好的传承和保护。

中华人民共和国成立后，中医药包括民族药得到了很好的发展，特别是20世纪50年代后期到70年代初期开展的第二次民族医药专题调查，对民族医药的传承和发展起到了重要的推动作用。该专题调查在全国广泛地开展群众防病治病，挖掘整理各少数民族医药独特的医药理论和单方、验方、秘方的运动。1978年后国家提出对比较成熟的民族药进行重点调查，湘西、鄂西相继成立了民族医药研究所，其工作包括对湘西土家民族药进行广泛的收集整理。之后1982—1983年国家相继下发《关于开展全国中草药资源普查的通知》和《关于继承和发扬民族医药学的意见》，开展了为期3年的全国医药资源普查项目。土家族聚居的黔、湘、川（渝）、鄂四省地区的各市、州、县等都组织了规模庞大的医药专业技术人员对各自辖区内的中草药资源进行了全面普查，基本弄清了中国武陵山土家族聚居地区的民族中草药资源的科属、种类及分布以及功能主治、运用特点，取得了十分丰硕的成果，经过发掘整理，培养出了一批研究土家医药的专家学者，相继出版了一系列与土家医药相关的著作，如《湖南民族药名录》《鄂西药物志》《中草药资源药物名录》《民间单验方集》《湘西土家族医药调查与研究》《湖北省民族药及名录》《土家族医药学概述》《土家族医药学》和《土家族医学毒气病学》。在此基础上，对民间有名的土家医生也进行了调查研究，并出版了诸多的医案，如《名老土家医周大成医案》《土家族名医黄子均医案精选》《谭氏土家伤科本草》《神骨田论文集》等。特别是对土家医药开始进行规范化整理，制定的《土家医药医疗标准》于2019年出版，对常见病的诊疗、技术操作及护理进行规范，为临床医护人员提供土家医常见疾病的土家医标准化诊疗技术与方法，提高土家医的诊疗水平，使土家族传统医药进入了崭新的发展阶段。

根据现有的文献资料和后人的研究总结，土家医药的基本理论至此已经基本形成。土家医药理论建立在汪古珊《医学萃精》对中医药的气、阴阳、三才、三焦等理论的基础上，形成具有土家医药特色的唯气论、唯阳论与三元结构论的思想框架，并在此基础上形成具有土家特色的生理、病理与药理理论。土家医认为，人体主要由肢节、筋脉、十窍、四器和三元等脏器组成；气、血、精是人类赖以生存的物质，这类物质均由三元中的内脏所产生，人体各种生命现象均受三元中的内脏所支配。基于三元理论，土家族崇尚术数"三"，土家医药中处处有三或三的倍数，如三元物质气血精、三元骨架、三元脏腑、三元孔窍和三元阳气等；疾病分为七十二症、七十二痹、七十二风、三十六痨、三十六疮疡、三十六惊、三十六伤疾，其中著名的有一百单八症；药物分为七十二参、七十二七、七十二莲、三十六风、三十六还阳、三十六娱蛤、三十六血，其中疗效卓著的有一百单八将。它们均为三或三的倍数，结合三元理论的三元辨证，将土家医药理论架构成一座三角大厦，再加上以气为核心的整体观、以阳为主导的阴阳观，形成土家医药的思想内核。土家医认为，疾病的发生有诸多因素，概括起来大致包括毒气、饮食、劳伤、情志等几方面。其中毒气是致病的主要病因，是多种疾病的致病因子，为百病之首、万恶之源。毒气的形成途径主要有三种：一是自然界气候的反常变化；二是感染外界邪毒之气；三是素体亏虚，脏腑功能失调，体内有毒废物无法代谢蓄积成毒。"毒气"可分为风、寒、水、湿、火和热毒六大类。土家医学认为，疾病的病理变化不外乎气血与冷热的失调。若体内废气排泄失常，蓄结于内，便产生病气；血的病理则主要包括血亏、血淤和出血三种；冷热平衡是保证人体健康的基本条件，若由于各种原因打破了机体原本的冷热平衡，则脏腑机能便会出现偏盛或偏衰，进而导致疾病的产生。

土家医在治疗方法上主要有两大类：一是药物治疗，包括汗法、泻法、赶法、止法、补法、温法、消法等治法；而外治法，即非药物治法，包括火功疗法、封刀接骨术、刮痧法、扑灰碗法、药浴法、推抹疗法、蛋滚法等20多种方法。在药物应用上，常以植物药为主，多为鲜用。药物以内服或外用为主，内服法主要用于人体"三元"——气、血、精失调引起的疾病；药物外用法多用于外伤、皮肤病、虫兽咬伤等病症。土家医在应用药物治疗疾病的长期实践中，总结出土家药的"反畏"现象，最具代表性的是湘西土家医的"草药十四反"以及鄂西土家医的"生药十三反"和"草药三十六反"。

总之，土家族医有自己特色的理论基础和治疗方法。本章共收录了53种现代文献和17种手抄文献。其中现代文献多是在对土家医药古籍文献的发掘和整理基础上撰写而成，体现了土家医药良好的传承模式。此外，土家医药发展过程中涌现了不少医家的医案著作，在此基础上推动了土家医药的标准化研究，建立了一系列具有特色的土家医药标准，这值得其他民族医药借鉴和参考。希望我们的挖掘和整理，可以使更多关心土家医药研究的学者加入进来，让土家族医学得以继承和发扬。

◆ 现代文献

《土家医药名词术语》
Terminology of Tujia Medicine

湘西自治州民族中医院、湖南省民族中医医院、湘西自治州民族医药研究所、湖南省土家医药研究中心——吉首大学等参与编写。主要起草人：田华咏、谭晓文、周明高等。"土家医药名词术语"由中国民族医药学会提出并发布。中国中医药出版社2019年出版，1册，19页。

文献价值：

《土家医药名词术语》的制定是专家组受国家中医药管理局、中国民族医药学会、中国民族医药学会土家医药分会委托，于2016年启动土家医药名词术语的规范化研究。在研究过程中，参照了国家中医药管理局"中医药标准化项目"及"民族医药临床技术操作规范与病症诊疗指南"的要求。该术语的研究制定是以课题组的形式，组建了以湘西自治州民族中医院、湘西自治州民族医药研究所、湖南省土家医药研究中心为首的土家医药名词术语研究专家组，统一制定了术语的研究标准，起草了土家医药名词术语总论、基础理论、诊断学、治疗学、土家药学、方剂学和各科疾病等7个方面的名词术语。

医药价值：

（1）该书对于规范土家医药基础理论的研究、临床疾病标准化诊疗策略与方法、诊疗行为，提高土家医药对常见病、多发病以及重大疾病的诊疗和科研等方面都具有重要意义。

（2）该书体现的土家族语言特色及特有名词术语的内涵，简明实用，可操作性强。

（3）该书符合医疗法律和法规要求，具有指导性、普遍性和可参照性，适用于土家医药学教学、医疗、科研和土家医药产业相关人员的学习和研究，可作为临床诊疗规范和质量控制的主要参考依据，具有较强的指导价值和应用价值。

《土家医常见病诊疗指南》

Tujia Medical Guidelines for Diagnosis and Treatment of Common Diseases

湘西土家族苗族自治州民族中医院（湖南省民族中医医院）、永顺县中医院等单位参与编写该指南。主要起草人：谭晓文、田华咏、李萍等。中国民族医药学会提出并发布，国家中医药标准化技术委员会归口。该指南由中国中医药出版社于2019年出版，1册，32页。

文献价值：

"土家医常见病诊疗指南"是中国民族医药学会2016年立项的民族医药标准化项目之一。该项目于2016年启动，按照国家中医药管理局中医药标准化项目"临床技术操作规范与病证诊疗指南"要求，课题组组成专家委员会制定了"热书卡别列证"等8种土家医常见病种的诊断标准、疗效评价标准和诊疗指南。项目课题组在制定土家医常见病诊疗指南时，以突出土家医辨证论治特色为重点，开展土家医药文献整理研究，收集整理土家医药古籍文献（含口述资料）和土家医药现代文献中关于"热书卡别列证"等8种土家医优势病种的学术思想、病因病机、诊断、证候论述、药物治疗、非药物疗法、特色服侍技术（护理），为建立"热书卡别列证"等8种土家医优势病种的土家医标准诊疗方案提供文献依据。同时采用临床流行病学方法，回顾临床既往诊疗的与本次研究相关疾病的医疗文献进行研究整理、对比分析与提高，为建立"热书卡别列证"等8种土家医优势病种的土家医标准诊疗方案提供临床依据。在此基础上，项目课题组组织了以土家医药标准研究推广基地、中国民族医药学会土家医药分会标准化技术委员会、中国民族医药学会标准化委员会（土家医药委员）等专家的多轮论证，拟定了以基于方证对应原则为基础的"热书卡别列证"等8种土家医优势病种的土家医诊疗方案，并于2017年12月完成。该指南的发布，对土家医其他病症的诊疗技术的发展具有引领作用，可供相关临床工作者学习和参考。

医药价值：

（1）该书对土家医常见病的诊疗与技术操作流程进行规范，为临床医师提供热书卡别列证（风湿性关节炎）、泽阿劳（糖尿病）、色迫聋证（消化性溃疡）、波立得走胎（蛋白质—能量营养不良）、拍体克地（肩周炎）、没朴拉地嘎（带状疱疹）、窝嘎夺辽（毒蛇咬伤）、杆骨八提鲁嘎壳（桡骨远端骨折）等疾病的土家医标准化诊疗技术与方法，规范其临床诊疗行为，从而提高土家医对常见病的诊疗水平。

（2）体现了土家医的辨证分型及其证候特征，简明实用，可操作性强，符合医疗法规和法律要求，具有指导性、普遍性和可参照性，适用于土家医医疗、教学、科研和相关管理人员，可作为临床实践、诊疗规范和质量控制的主要参考文献。

《土家医常见病疗效评价标准》

Evaluation Standard of Curative Effect of Common Diseases in Tujia Medicine

湘西土家族苗族自治州民族中医院（湖南省民族中医医院）、永顺县中医院等单位参与编写该标准。主要起草人：谭晓文、田华咏、李萍等。中国民族医药学会提出并发布，国家中医药标准化技术委员会归口。该标准由中国中医药出版社于2019年出版，1册，25页。

文献价值：

"土家医常见病疗效评价标准"是中国民族医药学会2016年立项的民族医药标准化项目之一。该项目于2016年启动，按照国家中医药管理局中医药标准化项目"临床技术操作规范与病证诊疗指南"要求，组成专家委员会，制定了"热书卡别列证"等8种土家医常见病种的诊断标准、疗效评价标准和诊疗指南。在制定土家医常见病疗效评价标准时，以突出土家医辨证施治特色为重点，开展土家医药文献整理研究，收集整理土家医药古籍文献（含口述资料）和土家医药现代文献中关于"热书卡别列证"等8种土家医优势病种的学术思想、病因病机、诊断、证候的论述、药物治疗、非药物疗法、特色服侍技术（护理），为建立"热书卡别列证"等8种土家医优势病种的土家医标准诊疗方案提供文献依据。项目课题组在土家医药文献与临床经验基础上，组织专家起草土家医"热书卡别列证"等8种病证的疗效评价标准。该标准的发布进一步规范了土家医的疗效评价方法，保障了临床治疗效果，是一本值得土家医临床工作者提升医技的参考资料。

医药价值：

（1）该书对土家医常见病的疗效评价进行规范，为临床医师提供热书卡别列证（风湿性关节炎）、泽阿劳（糖尿病）、色迫聋证（消化性溃疡）、波立得走胎（蛋白质—能量营养不良）、拍体克地（肩周炎）、没朴拉地嘎（带状疱疹）、窝嘎夺辽（毒蛇咬伤）、杆骨八提鲁嘎壳（桡骨远端骨折）等疾病的土家医疗效评价标准，规范其临床诊疗行为，从而提高土家医对常见病的诊疗水平。

（2）《土家医常见病疗效评价标准》和《土家医常见病诊疗指南》体现了土家医的辨证分型及其证候特征，简明实用，可操作性强，符合医疗法规和法律要求，具有指导性、普遍性和可参照性，适用于土家医医疗、教学、科研和相关管理人员，可作为临床实践、诊疗规范和质量控制的主要参考文献。

《土家医药医疗标准》
Medical Standard of Tujia Medicine

中国民族医药学会编，中国中医药出版社2019年出版，1册，156页。该标准是我国土家医药第一次发布的团体医疗标准。此次发布的《土家医药医疗标准》于2016年立项并启动，由湘西土家族苗族自治州民族中医院组织起草，经中国民族医药学会组织审定，为土家医药执业医师规范化考核奠定了基础。该标准的编制旨在规范土家医对常见病的诊疗、技术操作及护理，为临床医护人员提供土家医常见疾病的标准化诊疗技术与方法，提高土家医的诊疗水平。

医药价值：

该书包括《土家医药名词术语》《土家医常见病诊疗指南》《土家医常见病疗效评价标准》《土家医常见病护理规范》四种土家医药医疗标准。

1. 《土家医药名词术语》

该术语内容分为土家族文字、汉语注音、名词及其解释等四个部分，共包括总论、基础理论、诊断学、治疗学、土家药学、方剂学和各科疾病等7个方面的名词术语。

2. 《土家医常见病诊疗指南》

建立了以基于方证对应原则为基础的"热书卡别列证"等8种土家医优势病种的诊疗方案。

3. 《土家医常见病疗效评价标准》

建立了土家医"热书卡别列证"等8种病证的疗效评价标准。

4. 《土家医常见病护理规范》

对土家医"热书卡别列证"等8种常见病证的护理方案进行规范，体现土家医护理特色优势。

《土家医常见病护理规范》

Nursing Standard for Common Diseases of Tujia Medicine

湘西土家族苗族自治州民族中医院（湖南省民族中医医院）、重庆市黔江区中医院等单位参与编写该规范。主要起草人：谭晓文、李萍、彭鸿等。中国民族医药学会提出并发布，国家中医药标准化技术委员会归口。该护理规范由中国中医药出版社于2019年出版，1册，63页。

文献价值：

"土家医常见病护理规范"是中国民族医药学会2016年立项的民族医药标准化项目之一。该项目于2016年启动，在参阅国家中医药管理局2013—2015年相继发布的52个病种护理方案试行版的基础上，组成专家委员会制定了"热书卡别列证"（风湿性关节炎）等8个土家医常见病种的护理规范。该护理规范从护理学的特点出发，通过田野调研及文献检索、护理临床论证等方法对土家医8个常见病证的护理方案进行规范，分别从疾病的常见证候要点、常见症状/辨证施护、土家医特色治疗护理、健康指导、护理难点及护理效果评价等6个方面进行研究论证后形成，并在每个病种后附《土家医护理效果评价表》。附录部分主要载录了土家医技术应用注意事项、土家药应用注意事项、《土家医护理效果评价表》及《土家医护理技术效果评价表》的填表说明。该规范进一步完善了土家医的病症治疗体系，保障了临床治疗效果，是土家医现代化研究的重要成就，值得相关临床工作者学习和推广。

医药价值：

（1）该规范对土家医常见病的护理行为进行规范，充分发挥土家医护理特色优势，提高护理效果，为土家医常见病临床护理的科学性、实用性、指导性提供参考依据，对广大土家医护理工作者学习掌握土家医护理技术方法、促进土家医护理的深入研究与开发推广具有良好的现实意义。

（2）规范中体现土家医的辨证分型及其证候的辨证施护，简明实用，可操作性强，符合医疗法规和法律要求，具有指导性、普遍性和可参照性，可作为临床实践护理工具用书，适用于土家医护理、教学、科研和相关管理工作者。

《医疗机构处方常用土家药手册》

Handbook of Tujia Medicines Commonly Prescribed in Medical Institutions

万定荣等编著。湖北科学技术出版社2017年出版，1册，230页。

文献价值：

该书作者等人通过对鄂西土家族地区2市8县的范围内土家药资源种类的系统调查，将湖北省恩施土家族苗族自治州县级中医院（民族医院）、湘西土家族苗族自治州及张家界市医疗机构等单位调查所获的处方用土家药品种，以及部分于20世纪80年代中后期在鄂西调查发现的土家族乡村医生使用极为频繁的药物品种整理编写而成该书。全书收录了我国土家族地区医疗机构处方常用的173个土家药品种。该书有利于医疗机构土家药用处方的准确、规范、安全和有效，并可促进土家药品种的深入研究和开发。

医药价值：

1. 对土家族医药的发掘和整理提供了重要参考

调查发现了大量土家族乡村医生使用极为频繁的药物品种，收录了目前在临床上较普遍或较大规模应用的品种，抢救记载了一批最为重要的土家药品种及其宝贵的医疗应用经验，系统记录了我国土家族地区医疗机构常用的土家药品种。

2. 记载详细，是对土家医药的重要传承

该书收载的173个品种，分别从药材名、别名、来源、原植物、炮制、药性与功效、应用经验、用法用量、使用注意以及附述等方面进行记载。

3. 通过考证，对土家医药的一些重要信息进行了规范

该书通过调查整理研究，规范了一些土家药品种的名称，指出了易混淆不应使用的俗名；合理、准确地确定了处方常用土家药品种的基源；收录了许多品种尤其是毒性品种的炮制加工方法。

《土家医医疗技术》
Tujia Medical Technology

田华咏主编，湖北科学技术出版社2017年出版，1册，149页。

文献价值：

土家医传统疗法的收集整理工作始于20世纪80年代中期，工作人员在武陵山区土家族聚居地20多个县市进行土家医药调研，收集土家药匠用于防病治病的民间传统疗法40余种。书中对有一定疗效、操作简便、易学习懂的20余种疗法进行了梳理与评价。

医药价值：

该书收集整理土家医疗技术，有利于促进土家医医疗技术发展和推广应用，提升土家医医疗技术的社会影响力，提高土家医临床疗效，为广大群众提供优质安全的医疗服务和保障。

《实用土家族医药》
Practical Tujia Medicine

袁德培编著。湖北人民出版社2017年出版，1册，279页。

文献价值：

该书较系统全面地收集、挖掘和整理了散落在黔、湘、渝、鄂四省市边区的土家族医药资料。全书共分为土家族医学总论、土家医基本诊法、土家族药物和土家医病症治疗四章。第一章土家族医学总论，主要论述了"三元"结构与功能、病因和病机三部分。第二章土家医基本诊法，详细论述了看诊、问诊、听诊、摸诊、脉诊、指诊、掌诊和卦诊八部分。第三章土家族药物，首先论述了土家药的性能、采制与应用，再分别详细论述了土家特色药物，如"七十二七""七十二还阳""七十二莲""七十二风""七十二参""三十六血""三十六蜈蚣"等土家族特色药物。第四章土家医病症治疗，论述了治则治法、临床症治两部分。

医药价值：

1. 强调土家医药学的临床应用

全书包括土家医药的基本理论和临床运用两大方面。基本理论讲述土家医药学的指导思想、基础理论、病因病机理论等内容；临床运用方面则主要介绍了土家医基本诊法、土家族药物以及临床病症的治疗等内容，具有较强的临床参考价值。

2. 突出土家医药的实用性

该书在整理和完善了土家族医药学理论体系的基础上，强调医药一家、医护一体、药食同源，体现出土家医药疗效可靠，尤善蛇伤、骨伤科治疗等特点，重点突出土家医药的实用性。

3. 语言通俗易懂，特色突出

该书在介绍医学理论和诊断方法时，语言通俗易懂，分别从病名解析、临床表现、治疗原则、治法方药等方面介绍了土家族特色药物以及临床病症，为土家族医药的现代研究提供参考，传承和发扬了土家族医药的实用价值。

《土家医康复治疗学》

Rehabilitation Therapeutics of Tujia Medicine

刘哨兵、张生玉主编，科学出版社2016年出版，1册，190页。该书系2011年国家公共卫生专项资金项目"民族医药文献整理及适宜技术筛选推广项目"的成果之一，并受到湖北民族学院学术著作出版基金资助。编者为提高、推广土家医药传统治疗方法，编写了土家族传统治疗技术操作文本，以便于展开广泛的临床观察，并在湖北民族学院2014级、2015级康复治疗学专业本科教学中试用。在此基础上，编者本着"凝练技术关键环节、规范可控临床操作、安全经济适于推广"的原则，多次修改，并在多位同仁及湖北民族学院中医学专业部分硕士研究生的协助下，最终编写成此著作。

文献价值：

1. **对土家医康复治疗学研究较详细深入**

土家医康复治疗学是以土家医理论为指导，研究土家医传统内外治方法，探讨运用土家医康复疗法以防治疾病的规律的一门学科。它是土家医学的重要组成部分，具有适应证广、疗效明显、经济安全、应用方便等特点。书中对土家医康复治疗学的发展简史进行介绍，包括萌芽阶段、发展阶段、成熟阶段和完备阶段。加深了人们对土家医康复治疗学的了解，有利于土家医诊疗治法的传承发展。

2. **收集广泛，知识面广**

该书将土家医康复治疗学和土家医药的基础理论放在第一篇章，且介绍甚是详细，为后面的诊断疗法、治法和临床应用奠定基础；其后内容对土家医药的内外治法、临床部分应用概括较广，内容丰富，可供土家族医药学领域的医师、研究人员、相关专业的大学本科生及民间爱好者学习和参考。

医药价值：

该书对土家医传统康复学的理论与方法进行了全面的整理。全书分上、中、下篇和附篇。主要内容包括：

1. 土家医基础理论

包括土家医"三元"学说、病因病理和诊法。土家医以"三元论"为指导思想，此思想也成为土家康复治疗学较为系统的医学理论基础，书中较为详细地介绍了三元论及其思想；土家医对疾病的致病因素有较为系统而细致的认识，将疾病因素分为三类，包括外因、内因和不内外因；书中还较为详细地介绍了土家医看、问、听、摸、脉五诊的主要诊法。

2. 土家医康复学操作技术

全书较详细地讲述了土家针类疗法、土家推拿疗法、土家罐类疗法、土家起痧疗法、土家药物外治疗法、土家火攻疗法等土家医常用外治疗法。

3. 某些常见病的传统治疗法的临床应用

讲述土家医内科、外科、骨伤科、女科、儿科和七窍病证常见病的传统外治疗法。

4. 小儿推拿法

对儿童的康复学方法进行介绍，主要介绍小儿推拿法，对小儿某些常见疾病采用推拿法进行治疗。该疗法由小儿推拿的适应范围和注意事项、18种推拿手法以及常用的穴位和主治三大块内容组成，图文并茂，一目了然，对土家医的小儿推拿康复手法具有较好的推广作用。

《实用土家族药物》
Practical Tujia Drugs

杨德胜、李莉华、田向荣、杨德泉编著。中国医药科技出版社2016年出版。1册，519页。

文献价值：

该书是在《土家族药学》的基础上，补充土家药物配图，精简理论部分，增加举例和临床经验后编撰而成。全书精选具有特色的、常用的土家药物200种，其中植物类药196种，动物类药4种。此外，还有相似药41种，附药1种。全书包括土家药的基本知识、常用土家药和附录三部分。根据土家族医药用药特点，全书将药物划分为打伤药、止痛药、蛇药、赶风药、调经药、赶火药、止血药、补药、消水透湿药、赶气药、赶下药、赶寒药、表药、止咳药、理神药、收涩药和火疤药，共17类药。该书分类明确，图文并茂，可供土家医药工作者学习和参考。

医药价值：

1. 体现了土家族医药特色

该书在土家药的医药理论指导下，概述了土家药的采药原则；介绍了某些特殊炮制方法，如人乳、童便、石灰水炮制等方法；阐述了土家医的治病用药理论，包括药性、药味、毒性，也包含药物的地、形、色、气等内容；药物应用方面专门介绍了土家医药独具特色的草药"十四反"、生药"十三反"等知识；药物命名和分类则体现为以三十六为基数和倍数的分类法，如三十六血、七十二还阳、七十二参、七十二莲、七十二风等。

2. 内容翔实，是学习土家药入门教材

该书从土家医药基本理论，药物采集、炮制、药性、药味、毒性，以及具体药物的介绍，由浅入深进行阐述。每药以土家医常用名为正名，一药一图，包括药物名称介绍、辨识特征、生长环境、采收加工、药性、主要功效、应用举例、相似药、使用注意、用法及用量等11项内容。并根据药物功效，列举土家药匠宝贵的临床使用经验，主治病症使用土家医病名进行描述。全书图文并茂、内容翔实，是一本实用性强、民族特色浓厚的土家医药学学习资料。

《土家医技医法精粹》
The Essence of Tujia Medical Technology

胡玉萍主编，湖北人民出版社2015年出版，1册，310页。

文献价值：

该书为国家中医药管理局公共卫生专项资金资助的"民族医药文献整理及适宜技术筛选推广项目"的成果之一，由国家中医药管理局科技司统筹规划、统一组织、统一要求，湖北省实施完成。全书分为上、中、下三篇，系统介绍了土家医技医法的规范操作及应用。上篇简介土家医技医法的理论基础及发展历程；中篇对各项医技医法的技术原理、适应证、操作步骤、关键环节及注意事项进行梳理和规范；下篇从内、外、骨伤、妇、儿、五官等各科病症出发，阐述土家医技医法的临床应用。本书系国家中医药管理局民族医药文献整理丛书之一，具有较强的实践指导意义，可供临床医生及相关领域研究者阅读参考。

医药价值：

1. 系统总结了土家医药的基本理论

全书对土家医药理论的"三元构架"（上元、中元、下元）、"三元物质"（内三元、外三元）、病因、病理进行了系统叙述。

2. 内容全面，有利于土家医疗技法的传承

该书对土家医的诊法和治法进行了详细的介绍。其中诊法主要包括基本诊法、特色诊法（指诊、掌诊和耳诊），治法包括内治法、手法疗法、器械疗法、药物疗法和综合疗法，同时对小儿推拿技术、"梯玛"的法术疗法也进行了介绍

和分析。对治法的技术原理、适应证、所需器械、操作方法、关键步骤、关键环节、注意事项和禁忌证等进行了详尽表述,图文并茂,便于初学者学习。

3. 病—症—法—药结合,便于学习和推广

该书通过对临床常见的各科病症进行概述,结合诊断和治法,分析了病症治疗方案和注意事项,便于初学者学习。

注:

土家医在诊法、治法方面一定程度上受中医理论的影响,而又体现出一定的民族特色。治法中,手法疗法、器械疗法和综合疗法主要以选穴配合器械进行治疗,药物疗法主要以外治为主。

《土家族药物概论》
Introduction to Tujia Medicine

杨付明、刘哨兵主编，科学出版社2015年出版，1册，220页。

文献价值：

该书一共分为五章，第一章"土家族药物概貌"，包括土家族药物发展简史、土家族药物资源、土家族药物学与中药学的关系；第二章"土家族药物学理论"，包括土家族药物的命名、采集、炮制、性能、运用方式等内容；第三章"土家族代表药"，选择了具有代表性的土家族药物123味，每味药物包括其药用名、来源、植物形态、性味、功效和应用举例，部分药物附有备注；第四章"土家族代表药物研究现状"，选择了30味土家族代表药物，从成分研究、药理作用研究、专利及发明成果的角度，力求展示已形成的研究和应用成果；第五章"土家族药物的未来研究"，论述了土家族药物的配伍，安全性，防治多发、常见、重大疾病，合理应用及药物标准等未来值得研究的内容，是作者对土家族药物未来研究的思考和认识。该书由湖北民族学院学术著作出版基金资助出版，可供高等医药院校有志提高民族医药知识修养的本科生、研究生和民族医药爱好者参考使用。

医药价值：

1. 该书丰富和完善了土家族医药学知识体系内涵

书中概括了土家药物从远古至先秦再到当代的发展史；对土家药的品种在黔、湘、鄂、渝等四省、市的资源分布进行了简要介绍；对药物的命名、分类、采集、炮制、功效性能、毒性、用法、剂型、配伍等进行了详细概括。总之，本书是一部丰富和完善土家药物药物学理论的著作。

2. 重视土家药的现代研究

该书通过列举30味具有代表性的土家药物的现代化学成分、药理研究、毒理研究、在防治重大疾病方面的应用、药物标准研究等现代研究内容，探讨土家药的开发利用现状，为促进土家药的发展提供了很好的参考。

《土家医接骨斗榫疗法技术规范与应用研究》

Study on the Technical Specification and Application of Synthetism Therapy in Tujia Medicine

田华咏、田柏贵、吴成平主编。中医古籍出版社2015年出版，1册，168页。

文献价值：

"土家医接骨斗榫疗法技术规范与应用研究"项目是"十二五"国家"科技支撑计划民族医特色疗法疗效评价及平台技术研究——壮医药线点灸、瑶医挑针疗法等民族医特色诊疗关键技术及应用研究"的子课题。该课题由湖南省湘西土家族苗族自治州民族医药研究所承担，协助单位有湖南省永顺县中医院、湖南省龙山县民族骨伤科医院和湖南省龙山县水电骨伤科医院。课题组历时三年，开展土家医骨伤疾病的田野调查，采访名老土家族药匠，收集有关土家医"封刀接骨斗榫疗法"的文献资料、医技技术、治疗骨伤疾病的特色药物及有效方法，进一步整理汇编成书。该书是一部关于土家医接骨斗榫疗法的重要著作，可供土家医药学习者和相关研究人员参考、学习。

医药价值：

该书为土家医骨伤科专著，记述我国土家医骨伤科接骨斗榫疗法的技术规范和应用。

1. 全面论述土家医接骨斗榫疗法

土家医的"接骨斗榫"法在民间又称为"封刀接骨"法，这一具民族特色的适宜技术历代掌握在土家族的治疗骨伤医师——"水师"手上。编者在前期收集到这一骨伤疗法的各种技法有20余种，经筛选凝练，整理成五大技法：手法整复、外敷接骨散或喷药酒、小夹板外固定、分期内服土家药和分期进行功能锻炼。该五大技法是基于"复位、固定、功能锻炼"三大原则的前提下而形成的接骨斗榫疗法。

2. 内容充实，涉及多面

该书的主要内容包括土家医骨伤科的历史、封刀接骨斗榫疗法的技术特色、特色土家药物和方剂；土家医接骨斗榫技术规范；土家医常见骨伤疾病诊疗规范；土家医治疗骨伤疾病的单验方、经验方；土家医治疗骨伤疾病特色药170余种等。该书对土家医接骨斗榫疗法的发展基础、技术规范、临床使用情况以及医治骨伤科疾病的药物进行概括，汇聚成册，对土家医骨伤科接骨斗榫疗法推广和发展具有重要作用。

《土家族传统知识的现代利用与保护研究》

Research with Protection and Modern Utilization of Tujia Traditional Knowledge

柏贵喜等著，中国社会科学出版社2015年出版，1册，300页。

文献价值：

该书为国家社会科学基金项目"少数民族传统知识的现代利用与保护研究——以武陵地区土家族为例"的最终结题成果。该课题主要采用田野调查与文献研究相结合，以田野调查为主。2007年6月至2011年8月，课题组成员共前后七次深入武陵山土家族地区进行田野调查，搜集整理资料。该书从理论、实证和对策三个方面构建了土家族传统知识研究体系。

文化和医药价值：

1. 传统知识的理论建构

该书对"传统知识"重新进行了概念界定，并对传统知识的类型、现代价值、生成机理和传承机制进行了系统的理论建构，就传统知识的本质与实践逻辑进行理论分析。从认知人类学的角度解析了传统知识的本质、特征、类型及其现代价值；从传统知识的生成与传承机制、交换行动与权力关系的角度分析了传统知识独特的实践逻辑。

2. 土家族传统知识方法论创新

该书基于田野调查方法，并运用系统论研究方法，立足于文化整体观，将传统知识命题分成"理论建构""现代利用""保护对策"三个板块，沿着问题意识逻辑思路，分别解答了传统知识的"本体论""实践论""对策论"三个具体问题，形成了"传统知识"研究命题的完整体系。

3. 对土家族传统知识的保护

该书主要对土家族传统知识保护的相关问题进行探讨，对土家族传统知识保护的战略做了宏观构想，对传统知识社区参与式保护、知识产权保护进行具体分析。以土家族为例，对少数民族传统知识的利用和保护进行深入分析，值得其他民族医药研究者参考。

4. 对土家族传统医药知识及现代应用的概述

该书第六章对土家族传统药物知识、传统疾病知识以及现代应用方面进行了概述，反映了土家族群众对疾病和药物的认知。同时该书作者对土家族医药的应用状况及保护提出了个人的观点，对土家医药的可持续性开发利用具有一定的指导意义。

《中国土家族医药学》
Chinese Tujia Medicine

袁德培、彭芳胜主编，科学出版社2014年出版，1册，261页。

文献价值：

本书是作者20余年来通过对土家族民间医药的田野调查，并在充分吸收土家族医药学研究最新成果的基础上，全面、系统梳理土家医基础理论、土家医药物与方剂、土家医临床等内容后整理而成。全书包含三部分，共十五章，分为绪论，土家族医学基础（包括人体结构和功能、病因、病理、诊法、治则治法、服侍、养生等），土家药物与方剂（包括土家药物学总论、常用土家药、土家医方剂学总论等），临床应用（包括内科、女科、儿科、外伤科、七窍病等）。书中土家医理、法、方、药完备，层次分明，是一部对土家族医药科研、教学、临床、新药研发等工作具有重要参考价值的土家医药学专著。

文化和医药价值：

1. 内容丰富，涵盖面广

该书将土家医药学理论、诊法、治法、药物、方剂、临床治疗、养生等多方面最新研究成果整理融合，形成关于土家族医药理法方药、临床应用于一体的系统著作，为完善土家医药体系做出了贡献。

2. 该书以土家族历史与文化为主线，突出土家医药特色

该书植根于土家医学原始朴素的对人体和疾病的认识，在疾病诊治上一定程度反映了土家族医药丰富的民间文化，如治法的"表、散、清、败、赶、攻、

止、调、提、补"十法，以及方药的组成上分"主、帮、客、信"，提出了土家的形神共养、固护三元的养生文化。

3. 对土家族传统方药的保存起到了重要作用

该书作者广泛收集了已出版的文献资料和民间医生的手抄本资料，对土家医药的传承和保护起到了积极作用。

注：

书中收集的方剂较少。药物主要以植物药和动物药为主，分类主要按照类似中药功效类似的分类方法。

《土家医方药精选》
Medical Prescription of TuJia

田华咏、梅之南主编。中医古籍出版社2014年出版，1册，168页。

文献价值：

该书按内科、外科、妇产科、儿科、五官科、皮肤科、男性病用药将精选的土家族药方进行编排。每一大类病名又采用土家族医病名、中医病名及现代医学病名进行方药介绍。每一病症又列出多个治疗方剂，内含药物组成、用量、使用方法以及方剂来源，对部分方药进行了注释。该书对推动土家族医药的学术传承与挖掘，深入分析土家族医药的方药特点方面，具有一定价值。

医药价值：

1. 收集全面，内容丰富

该书作为土家族临床用药的方药集，收录整理范围广，内含近千首单方、验方、秘方、偏方，其覆盖了湘、鄂、渝、黔四省、市近30个土家族居住地。医方涉及内科58种疾病、外科38种疾病、妇产科21种疾病、儿科9种疾病、五官科24种疾病、皮肤科11种疾病、男性病4种疾病，每种疾病有两种及以上的药方，有的多达50种药方。该书对方药的组成、用法以及方药来源，处方分析和注意事项等方面进行了详细说明，是一本准确、详细记载土家族民间医药的参考书。

2. 方药对疾病治疗可靠性高，具有较高参考价值

该书所载方药是从众多土家族方药中筛选而得，为确保方药的来源和疗效的可靠性，主要收录了土家族名老土家族医生使用的经典常用方、特色方、特效方以及民间疑难杂症方。

3. 充分反映了土家族民间医药的历史特点

该书一定程度上反映了在过去落后的医疗条件下土家族民族地区常见疾病的流行情况，以及土家医学治疗民间疾病的特色。对于方药的使用反映了民间医疗工作者或群众治疗疾病就地取材的特点，也体现了原始朴素的民族医药文化。

注：

该书方剂具体病名中包含了土家族医学病名、中医病名和现代医学病名，没有做统一的规范。对方剂中涉及的药材也未将中药名和土家药材名分开，这可能是土家医药受中医药的影响所致。

《土家医毒气病学》
Tujia Medical Toxicology

彭芳胜、彭慧娟著。中医古籍出版社2014年出版，1册，370页。该书采用调查整理研究、临床前瞻性研究及回顾性研究方法，采取文献调研和田野调研两种措施，把收集的资料进行整理研究，形成文本材料。

文献价值：

该书的学术思想和证治内容、药方和药物，都来源于土家族地区民间。全书分为上、中、下、附共四篇。上篇是土家医毒气病概述，论述了毒气病病因病机及致病特点、毒气病的分类、毒气病的治则、土家医常用治毒药方及药物基础等。中篇是常见病症，详细论述了常见毒气病3大疾、18种病、102症。下篇为治毒药方和药名，治毒方按土家医治法，把常用治毒219方按功效和主治分为15类，治毒药物按土家医分类法把常用400种药物分为18类。附篇包括笔画索引、参考文献、后记三部分。《土家医毒气病学》是一部病因治疗学著作。对于深入研究土家医理论、指导临床应用具有重要价值，可供临床医药工作者参考。

医药价值：

1. 提出土家医毒气病和毒气学说是土家医主要学术思想的观点

作者对土家医药毒邪病的治疗预防临床经验进行了一定程度的整理，针对土家医发病说提出毒气为主要致病因素的新论点，是一部病因治疗学著作。它以病因为主线，首先通过询问病史、审证求因的方法，来"识症辨毒"，以获得疾病的本质，便于针对性治疗。土家医毒气病学有着独特的基础理论、典型临床症候、特殊药物和方剂以及传统特色居家服侍等，丰富了土家医病因学内容，是一本具有研究价值和参考价值的土家族医药学专著，对土家医理论体系的构建具有重要意义。

2. 对学习和挖掘土家医药文献具有一定的参考价值

全书针对毒气病症的土家语音译名称、诊断、治法等体现了土家医学丰富的民间医学文化，对于学习和深度挖掘土家医药文献具有一定的参考价值。

3. 突出了土家医防毒预防医学思想

土家医非常重视疾病的预防，防病大于治病。该书提出防毒从外入侵外，还要注意内毒的产生和防止传变，以阻断毒病的发生和发展。例如小伤寒症患者居室用药物烟熏消毒空气以防传染他人，患病后应防止病邪从表向里（肺）传变。

《土家医治毒药物集》
Toxicology Collection of Tujia Medicine

彭芳胜、杨光忠主编。中医古籍出版社2014年出版，1册，421页。

文献价值：

该书由绪论、各论、附录三部分组成，收载土家医常用治毒药物491种和200余个单验方。绪论部分主要论述治毒药物的形成和发展轨迹、治毒药物核心思想内容；各论部分将常用药物按功效和主治进行分类，分为18类，每类药物为一个章节，由概述和具体药物组成，并对每一类药物详细介绍；附录包括汉语药名笔画索引、土家语药名索引、拉丁文药名索引、主要参考著作和资料目录以及后记共五部分。该书对书中涉及的药物给出了土家语音译名，可为土家医药研究者及临床用药提供参考。

医药价值：

该书是在"毒性致病"观点下，对土家医治毒药物的一次全面、系统的总结。该书作者彭芳胜先生通过为期一年的田野调研和文献调研后，提出"毒气为百病之首"的观点，这是该书诊断和治疗疾病的核心观点，与《内经》"百病生于气"的理论相似。彭先生首次把毒气分为3类18种，构建了18类药物、百余病证、常用12法、20个种类、800余种治疗药物组成的学术体系。该书按照土家医毒性分类首次对治毒药物进行科学分类，把常用药物按功效和主治分为祛风毒药、散寒毒药、赶湿毒药、散热毒药、泻火毒药、抗瘟毒药、败血毒药、理气毒药、利水毒药、排肠毒药、攻恶毒药、消肿毒药、拔脓毒药、化痰毒药、驱兽毒药、解食毒药、破蛊毒药和杀虫毒药共18类491种药，对每一类毒性的症状和治疗方法进行归纳。每一种药分别从土家语名、汉语名、别名、来源、性味、功效、主治、用量、临床应用、备注和备考等11个方面详细介绍。该书是土家医治毒药物历史发展中的一个里程碑，是对土家族医药发掘、整理、提升的创新性成果。

注：

该书所记载药物的临床应用，一部分为作者多年临床经验，另一部分来源于文献或民间名老土家医的调研方，有的作者在临床上应用过，有的并未在临床中加以应用。药名采用土家族母语存留区——湖南龙山坡脚土家音准定音，外来语等用土家语注音。

《土家医药双语词汇》

Medicine Bilingual Vocabulary of Tujia

田华咏、梅之南、田禹顺主编。中医古籍出版社于2014年出版，1册，284页。

文献价值：

该书采用汉语、土家语汉字记音、土家语拼音以及国际音标四格式全面记录了土家医药名词。全文一共四章。第一章为土家医药基础词汇，涵盖了人体解剖结构名词、日常生活卫生名词、常见病症名词、病因及诊断技法名词。第二章为常见病症名词、七十二症等共18大类病症名词。第三章为土家药物名词，包括"七""还阳""蜈蚣""风""莲""参""血"，共七大类药物名词。第四章为土家医药常用名词简释，包括常用诊疗技法名词、常用病名名词和药物名词等的简释。全书共收载了近2 000个土家医药相关词汇，是一本学习土家医药的工具书，可供土家医药工作者参考。

医药价值：

1. 指导性强，体现一定的区域特色

编者在土家族母语存留区的龙山县洗车河、坡脚、靛房苗儿滩等土家族原居住区进行田野调查，采访土家名老医药人员，收集土家医药的口述资料，采用土家药物标准，补充和丰富了土家医药研究内容。

2. 对土家医药的传承具有重要意义

该书真实地记录了土家医药的汉语、土家语汉字记音、土家语拼音以及国际音标，是一本对研究土家族医药有重要参考价值的土家族医药辞典。同时该书对相关医药名词进行了注释，可基本解决研究中遇到的土家族词汇难题，对土家族医药的研究有着直接指导价值。同时该书某些方面也反映出土家族民间医药情况，对土家族医药知识的传承具有重要作用。

《土家医病症诊疗规范》

Disease Diagnosis and Treatment Standard of Tujia Medical

田华咏主编。中医古籍出版社2014年出版，1册，291页。

文献价值：

"土家医病症诊疗规范"为2010年国家中医药管理局公共卫生专项资金资助项目，该书是该项目成果结晶之一，亦是国家中医药管理局民族医药文献整理丛书之一。《土家医病症诊疗规范》的制定，被认为是土家医药历史进入规范化发展阶段，此书为土家医药发展阶段的代表作品。全书分土家医诊疗技术、医疗技术、常见病诊疗技术三个部分，是目前较为规范的、全面记载土家医病证诊断与治疗技术操作规范性的土家医药专业参考书。

医药价值：

1. 全面反映了土家医病症诊疗的规范化水平

该书全面记载了土家医常见病证诊疗规范80余种，疾病按内科、妇科、儿科、眼科、耳鼻喉科、外科、骨伤科、肛肠科和皮肤科分为9个学科。每种疾病的诊疗规范按疾病简述、诊断依据、治疗原则、治疗方法、疗效评价的体例编写。附篇中还介绍了常用土家药名与中药名对照，便于临床应用。该书是一本体现土家族医药发展水平的专业著作，为土家医药的研究和后续发展奠定了基础。

2. 突出土家医特色

该书详细总结了土家医诊法技术操作规范4种：土家医看诊、问诊、脉诊及摸诊；土家医传统外治技术操作规范18种：土家医挑刺疗法、扑灰碗疗法、麝针疗法、蛋滚疗法、烧灯火疗法、推油火疗法、烧艾疗法、放痧疗法、雷火神针疗法、扯罐疗法、小儿提风疗法、泡脚疗法、酒火疗法、翻背掐筋疗法、瓦针疗法、接骨疗法、斗榫疗法和放血疗法。对诊疗技术的描述,深入浅出,易于掌握与操作,突出土家医诊断与治疗特色。

《土家族民间诊疗特色》

Tujia Folk Diagnosis and Treatment Features

黄惠勇、肖文明主编。湖南科学技术出版社2014年出版，1册，235页。

文献价值：

该书是根据"土家族民间验方及诊疗技术"项目的研究成果（对张家界地区土家族民间特色诊疗技术和民族药物验方进行收集、挖掘、整理）编写而成。全书共分为上篇、下篇和附录三部分。上篇为总论，论述了土家族医学简史、土家族医学基础、疾病的命名和分类、土家族特色诊疗技术、治疗方法以及张家界地区土家族医学著作和医学名人等六个方面。下篇为各论，分别论述内科、妇科、儿科、外科、骨伤科和五官科六类疾病的治疗。附录部分为土家族医学常见名词术语解释以及土家族常用药物表。该书可为从事土家族医药研究的相关人员，特别是从事张家界地区土家族医药研究的人员提供参考。

医药价值：

1. 重点阐述了土家医在疾病的命名和分类上的特色

土家族医学对疾病的命名形象生动，易于掌握，具有一定的规律和民族特色。有按病因命名，如因风气致病的"脐风""风蟥""漆风"；有以临床七窍出血命名的"红沙症"；有以发病部位命名的如疱疮长在背部的"背花"；有以动物形象命名的惊症时四肢在地上爬的"螃蟹惊"；有以疾病症状命名的"哑巴症"；有以发病季节命名的"桃花症"；还有以数字加病名命名的七十二症、七十二风等。此外，土家族医学把疾病分成三伤、四科、八症、十类以及其他杂症。三伤包括跌打损伤，刀枪伤，蛇、虫咬伤；四科即妇女科、小儿科、眼科和骨伤科；八症即指惊症、症候、淋症、火症、砂症、寒症、虚症和闭症；十类即为风痛、水病、气病、痨病、流痰、疡子、疱疮、癫痫、霉病和疽症；其他杂症繁多，如百虫吃肝症、喉蚁症、磨盘症、出疾子、出水疮、脑心痛症等。

2. 记录了土家医学丰富的诊疗技术

土家医对疾病的诊断包括问、看、听、脉、摸。与中医不同的是土家医的人体诊断更为具体，一般是以具体表现或具体部位进行诊断。该书还记录了土家医常见的三种内治法和二十种外治法，其中外治法多以器械辅助进行。该书记录了常见临床病症的症状表现、病因病机分析、治法原则，反映了土家族人民独特而丰富的生存经验和对疾病的诊疗特色，为土家族医药文化的传承做出了较大的贡献。

3. 体现一定的地域性特点

该书对部分张家界地区的医药文化和医药信息进行了调查和总结，同时也涉及了部分土家医药著作和名医，对地方土家文化的保护和传承起到了重要作用。

《中国七药》
Chinese Qi-yao

高学敏、谢晓林、党学德主编。陕西科学技术出版社2013年出版，共2册，541页。其中上册258页，下册283页。

文献价值：

该书共收载七药437种，涉及96个科，266个属。书中以文字配彩图的形式记载了每种七药名称、别名、植物来源、形态特征、生境分布、栽培要点、采集加工、药材鉴别、化学成分、药理作用、炮制方法、性味功能、主治用法、应用与配伍、禁忌、复方、制剂及现代临床研究等内容。在书后编入了与正文相对应的中文名、拉丁文学名索引，以及"七药功能主治一览表"，以便查阅与检索。该书既是一部七药本草学著作，又是一部重要的中药学工具书。

医药价值：

"七药"是指具有奇特疗效的草药，既可单味治疗疾病，又可在组方时以君药起主导作用治疗疾病，多用于民间验方，治疗"五劳七伤"，形成"七药"流派与"七药"文化。本书具有七药文化的正本清源作用。由于物种分布、发现和流传使用等多种原因而导致出现七药一药多名，或一名多药的混乱现象。虽然近年来很多学者对于七药的植物鉴定、有效成分、药理作用、临床试验等，均做了大量的研究，发表了大量的学术文章，但仍缺乏全面、系统的论述。与其他本草学相比，该书记载了七药的专属性，具有科学性、先进性、实用性的特点。该书的出版，对研究七药和"土家七药"具有重要参考意义和长远的传承作用。

《湘西土家族医药调查与临床研究》

Medical Survey and Clinical Research of Tujia Medicine in Western Hunan

潘永华著,科学技术文献出版社2013年出版,1册,210页。

文献价值:

该书是潘永华主任医师历时20余年,走遍湘西自治州的各乡镇村寨,采访土家族医生及相关人员150余人次的医药成果。其资料翔实可靠,全书对土家族医药进行了概括和总结,客观地反映了土家族医药的真实面目,是目前在土家族医药研究领域中较为全面的一部著作。该书由两部分组成,第一部分是关于土家族医药的田野调查,该部分以回忆性研究为主,分别论述了湘西土家族医药概况、土家族医药田野调查(桑植县、保靖县、古丈县的民族医药调查)、土家医名医访谈录、土家医传统疗法(传统外治法)。第二部分是关于土家族医药临床研究,作者将收集到的土家族医药资料进行总结,上升至理论层面,并用于临床实践,分别从土家医临床研究、土家医常用单验方和秘方的整理研究、学术论文以及土家医的医案进行论述。

医药价值:

1. 客观真实地反映了湘西地区土家族医药的真实临床诊治情况

书中所展现的成果主要以调查采访湘西自治州的各乡镇村寨的土家族医生及相关人员为主,尤其是对土家族聚居地的龙山、保靖、永顺、桑植、大庸等地进行了实地调查,掌握了土家族医药的基本情况,包括医、药以及诊断治疗方法等内容,内容翔实。对土家民间医药的保存和研究开发具有实际意义。

2. 包含信息丰富，对于补充和规范土家医药临床实践具有指导作用

作者通过田野调查、人物访谈、学术论文收集等方式将收集到的土家族医药资料进行总结提炼，形成理论，并用于临床实践。包括14位土家医名医访谈录，23种土家族传统外治法，829种病症，并对其中200种病症进行举例、诊断、治疗、方药辨析。共收载单验方、秘方246种，有价值的学术论文32篇。书中还收载了用土家族医药理论指导、土家族诊断治疗方法治疗各种内科疾病效果较显著的30个病案。这些丰富的医药信息展示了土家医药的特色和理论组成，对完善土家医药体系有较好的指导意义，为弘扬土家族医药学做出了较大贡献。

《土家医雷火神针疗法提风疗法技术规范与应用研究》
Study on the Technical Standards and Application of Tujia Medical Thunderfire Acupuncture and Wind-lift Therapy

彭芳胜、田华咏编著。中医古籍出版社2012年出版，1册，127页。

文献价值：

该书是根据"十一五"国家科技支撑计划项目"民族医药发展关键技术研究"中的两项子课题："土家医雷火神针治疗风湿痹痛技术规范化研究"和"周大成土家医药医技医术的抢救性传承研究"的研究成果而编写的。全书分为上篇、下篇和附录三部分。上篇为土家医雷火神针疗法技术规范与应用研究，分别论述了土家医雷火神针疗法技术规范、土家医风湿诊疗规范、临床应用（典型病例）。下篇为土家医小儿提风疗法技术规范与应用，分别论述了土家医小儿提风疗法技术规范、土家医小儿走胎病诊疗规范。附录为学术探讨，包括雷火神针疗法历史源流、技法特点及作用评述，雷火神针改善土家医风湿病痹痛临床疗效分析，名老土家医周大成医技医术整理研究。

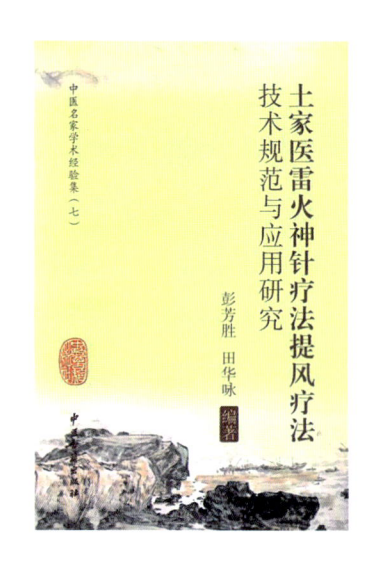

医药价值：

该书记录了"土家雷火神针疗法技术规范""土家医风湿病诊疗规范""土家医风湿及雷火神针疗法服侍（护理）规范""小儿提风疗法技术规范""土家医小儿走胎病诊疗规范"五种技术规范，为规范土家医雷火神针治疗风湿病以及小儿提风法治疗小儿走胎病症在临床应用中提供了技术操作标准。这些规范和标准对于提高土家特色疗法的疗效、安全性和临床可操作性等起到了很好的规范和推动作用，为我国土家医临床、科研、教学提供了较为科学的参考依据。

《医方守约》

The Rule of Medical Prescription

清代胡先容著,侯启年、侯启柱、张元忠和侯如艳校注,中医古籍出版社2012年出版,1册,356页。

文献价值:

该书为2008年度湖南省中医科研重点资助项目。原著为晚清名医胡先容,他医术高明,为一代良医。该卷书稿流落民间,百有余年,十分珍贵。原书共有四卷,刊于光绪十一年秋(1885)。1956年,由大庸县卫生科将原木刻版再重印50本,发给县内中医学习参考用。该书是一部综合性医书,书中收集了当地民间,特别是土家族民间的单方、验方。

医药价值:

《医方守约》中记录了伤寒证一百三十方、金匮杂病一百四十六方,《千金要方》《千金翼方》的诸多医方,自己临床化裁加减的方剂以及民间验方、单方。医方守约即医方之规矩、之守则。胡先容先生说:"《伤寒》《金匮》《千金》之方乃万方之规矩也。合《金匮》《千金》之要典于一书,乃浓缩之典约,故名《医方守约》"。该书有四个特点,一是严格守约。特别是精读《伤寒》《金匮》《千金要方》等经典,恪守方义,辨证八纲,忠诚学习原著,运用原著。二是广泛集注。以病证为纲,将在当时条件下能够收集到的有关方药,无论经方、时方、验方、土方,分门别类,条列于后,便于取用。三是随俗博取。主要是对湘西以及湖南甚至外省的民间治疗经验、针灸、医技、验方、草药等处处留心,收入囊中。四是灵机活用。善待病者,细心诊治,对证用药,把点点滴滴的医疗经验和其他医生的临床得失都用于临床,记录在案。该书内容丰富,集中医和民间医学为一体,引述深广,病案亲切生动,乡土气息极其浓郁,对推动湘西地区民间医疗经验的传承起到了重要作用。

《秦岭七药》
Qinling Qi-yao

毛水龙主编,西安交通大学出版社2011年出版,1册,223页。

文献价值:

秦岭地区具有奇特功效的中草药习惯上以"七"字命名,称为"七药"。《秦岭七药》正文共收载了115味七药,共37科,77属,附照片372幅,治疗方剂及验方755首,并在正文附录项中收载七药34味。全书共收载七药149味,比民间传统使用的72味七药增加了77味。本书按功效分解表、清热、利水、祛寒温里、健脾化湿、镇惊息风、安神养心、祛风除湿、止咳化痰、理气、理血、润肺通便及滋补等门类,分别对秦岭七药115味地方特色药材的药学特征、炮制、药理及临床应用等进行论述,图文并茂。

医药价值:

1. **规范了秦岭地区七药的品种和临床运用**

该书是毛水龙研究员经过长期的民间调查、实地考察和文献研究,历时4年,系统整理编著而成,进一步明晰了七药的源流,规范了七药的名称和炮制,拓展了七药的药材性状和临床应用,为辨识采集、临床应用和研发七药提供了翔实可靠的依据。

2. **丰富了秦岭中草药的天然宝库**

七药是土家医学中重要的组成部分,因命名独特、疗效显著而广泛应用。土家七药是具有赶火败毒、活血祛瘀、消肿止痛、祛风除湿等功能的一类药物的总称。"七"源于"漆",意为该类土家药见效快,就像涂在木上能起到立竿见影的效果，由于长期流传，"漆"就变成了"七"；此外，七药的功效、作用机制均与"气"的调节作用密切相关，加之土家语言长期受汉语影响，"七"与"气"互为谐音，故名"七药"。

3. 归纳总结了七药的作用特点

七药主要有活血祛瘀、止血、止痛、行气理气、祛风除湿、清热解毒、平喘止咳、利湿利尿等功效。而其功效的发挥，主要表现为"行气""补气""理气"与"调气"等相关的作用过程。

注：

秦岭七药与土家七药在功效上类似，但其中是否有医药文化上的联系，还有待研究。

《名老土家医周大成医案》
The Medical Case of Famous Old Tujia Doctor Zhou Dacheng

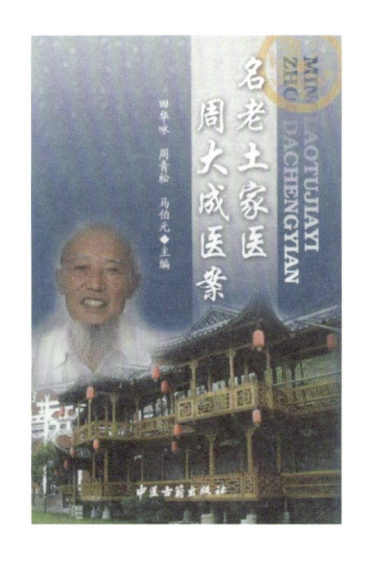

田华咏、周青松、马伯元主编。中医古籍出版社2011年出版，1册，290页。周大成医生是湘西自治州永顺县的名老土家医，系古溪尚州土司王朝宫内医官周氏土家医的第十八代传人。周大成青年时随父学医，行医近60年，医技医术精湛、医德医风高尚，是当地名老土家医。该书是"十一五"国家科技支撑计划——"民族医药发展关键技术示范研究"的子课题之一（"周大成土家医药医技医术的抢救性传承研究"）的主要研究成果。课题组对名老土家医周大成的祖传土家医的历史、传承特点、主要医技医术特色等进行了较系统的整理和研究，从而汇编成此书。

文献价值：

该书主要记载了名老土家医周大成医技医术的抢救性传承研究中的医案成果，选录了周大成从医的代表性医案182例。所选医案包括内科、儿科、妇科、外伤科、皮肤科、孔窍科等各科疾病。每个案例内容包括主诉、现病史、既病史、体格检查、诊断（含民族医诊断、西医诊断）、治法、方药、复诊、按语等项。书中还选录了课题组对名老土家医周大成医技医术研究的整理报告，即《名老土家医周大成医技医术整理研究》。该书是研究土家名医医技特色的重要书籍，可为从事土家族医药医技的研究人员提供参考。

医药价值：

1. 详细记录了周氏第十八代传人周大成近年来的182例医案以及周氏土家医学的传承历史

这些医案为研究土家临床医药学的第一手资料，为探讨周大成祖传土家医药历史，研究周氏土家医学的传承特点、学术特点与学术经验起到了重要作用，推动了土家族医疗实践成果的传承与发展。

2. 该书阐述了周氏诊断和治疗疾病的专长

周氏对小儿走胎病（小儿消化不良）的诊断主要通过看小儿食指（男左女右）向拇指的侧面经脉以及耳背经脉深浅颜色判断疾病轻重。此外，对于治疗小儿走胎、停风病使用的小儿提风特色疗法主要是用新鲜土家族药物加辅料等敷贴在小儿肚脐上，使药物的温热之气和药物效能直接作用于局部，以温患儿的"中元之气血，疏通经脉气血，使精、气、血输布于全身，以调整和改善三元"脏器功能，祛除肚肠内风邪之气。药物使用时，多用新鲜药物，少用陈药。同时也采用内外兼治，在用外治法治疗的同时，也开方煎药内服，以增强疗效。

3. 周大成医技医术的实用价值和可推广性

名老土家医周大成世代传承的土家医技医术主要体现在对儿科疾病的诊疗特色上。其方法为用传统土家医诊断方法诊断小儿走胎（停食症）、小儿惊吓、小儿惊风等小儿常见疾病。确诊后用传统外治疗法提风法或推抹疗法治疗，其方法独特，具有简、便、效、廉的特点，患儿易于接受。周氏小儿提风法具有较好的适用性和较高的实用价值，适宜于基层应用，是一种适宜于农村或社区推广的土家医药适用技术。

注：

书中涉及疾病的治疗主要以药物治疗为主，而对于小儿提风疗法治疗小儿走胎的病案及治疗方法没有做过多介绍。

《土家族女科》
Tujia Gynecology

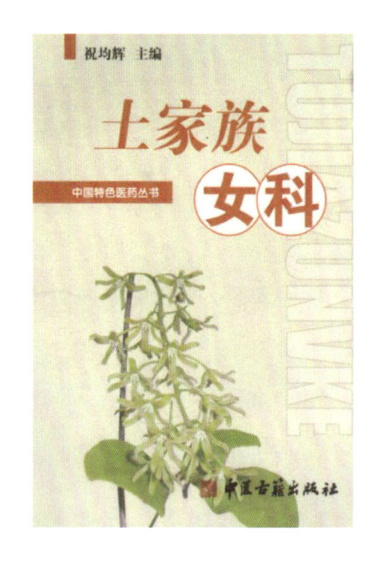

祝均辉主编。中医古籍出版社2009年出版，1册，170页。

文献价值：

该书是作者将多年来收集的零散土家族有关女性疾病的医学资料加以分类、总结，以杂文的形式记载成书。全书分为总论、各论、附录三部分。第一部分为总论，从绪论、女人的生理特点、病因病机、诊断概要、土家女科治法概要、女科防御与保健共六个方面进行论述。第二部分为各论，将女科疾病分为五类六十九种，并对每一种疾病叙述土家医治疗的方和药。第三部分为附录，分为土家女科偏方拾零随记、土家女科疑难杂病一二浅议、土家药外敷治疗慢性盆腔炎40例。该书是一部具有土家特色的女科专著，可为从事土家医药研究及女科疾病研究的人员提供参考。

医药价值：

1. **该书是一本土家医认识和治疗女性疾病的专著**

该书通过收集土家族医药资料，对近代土家医治疗女性疑难杂症的案例、民间验方进行分类整理，以杂文的形式记载成书。较全面地体现了土家医对妇女月经、孕产等女性生理以及疾病的认识和治疗观点，是对土家女科文献的传承和补充。

2. **将土家女科128种疾病的诊断与中医病名进行对比考证，并给出了土家医辨证分析和治疗方法**

书中治法多以验方为主，并辅以案例作为支撑。同时，详细分析了40例土家医在月信、产前、产后、不孕症等几个方面的诊治心得，体现了土家医药的医治理论和医治方法，对研究和治疗女性疾病具有参考价值。

《土家骨伤科专家田先彩传奇》

The Legend of Tian Xiancai: An Expert in the Department of Orthopedics and Traumatology of Tujia Nationality

谭兵、董琼著。湖北人民出版社2008年出版，1册，241页。

文献价值：

该书为一部传记类题材著作，是以弘扬土家骨伤科专家田先彩医生在基层辛勤耕耘为主题的报告文学，包括求医篇、创业篇、医德篇、成果篇和处方篇等，详细地介绍了土家骨伤科名医田先彩的临床案例、医术医德、用药处方以及用药规律等内容。

医药价值：

1. 以传记的形式对土家名医田先彩的行医经历进行了叙述，有利于其学术思想的传承

该书对田先彩医生的求医、行医等经历以及个人成就方面进行了叙述，同时将田先彩医生个人对民族医学理论的理解以及常用的处方分享出来，体现出名医的大家风范。该书也是对田先彩医生所著《"神骨田"论文集》的有益补充，为土家医学的传承发展做出了贡献。

2. 体现了土家名医的特色

书中以医案的形式详细记载田老在治疗各类骨折、骨病等疾病方面的专长和特色。其治疗方案对各类椎间盘突出、骨质增生、类风湿、股骨头坏死、骨结核和骨髓炎有较高的治愈率。田先彩医生通过不断学习，广泛吸收中西医特长，并与土家医学结合，形成自身特色。在治疗骨伤方面主要以中药、草药，加上手法复位，以牵引、按摩为治疗手段。该书对涉及的处方组成、用法用量、治疗心得等都进行了记录，并阐述了其个人对某些药物的寒热温平等药性以及药物临床治疗疾病的特长等方面的独到见解。

《土家族药物志》
Tujia Medicine

方志先、赵晖、赵敬华主编,中国医药科技出版社2007年出版,共2册。其中上册636页,下册696页。

文献价值:

该书系国家中医药管理局民族医药文献整理丛书之一,系统收载了土家族常用药物1 500种和土家族药物少用品种422种,内容包括正名、别名、来源、植物形态、生境与分布、采收加工、药材鉴别、民族用药经验及现代研究等,资料翔实,内容丰富,是一部极其珍贵的带有鲜明地方色彩的民间本草著作,是土家族第一部全面、系统的药物学工具书。

医药价值:

1. 品种丰富,记载详细

该书上、下两册,共收载土家族常用药物1 500种和土家族药物少用品种422种,来源于2 172种植物、动物或矿物。附药物墨线图1 480幅。其中每种药物均包含了正名、别名、来源、植物形态、生境与分布、采收加工、药材鉴别、民族用药经验(性味、功能主治、应用举例)、现代研究(化学成分、药理作用)、附注等信息。特别是引入的该物种或近源物种的现代化学成分和药理作用研究,极大地丰富了土家药物学理论,对临床用药和药品研发都有积极的指导意义。

2.对土家医药的传承和保护具有积极意义

作者通过对湖北恩施、湖南湘西等地区的长期野外调查，走访群众和民间医生，结合现有的实验研究和临床经验后编撰而成此书，保存和收集了丰富的土家族用药经验，在药物命名上保留了民间土家药名，对土家医药的传承和保护起到了积极意义，具有原创性和较高的学术研究价值。

注：

该书对药物仅按汉字笔画顺序排序，未按土家族医药药性、药味的认识进行分类。

《土家医方剂学》
Tujia Formulaology

彭芳胜主编，中医古籍出版社2007年出版，1册，502页。该书为国家中医药管理局民族医药文献整理丛书之一，编者对馆藏文献和民间原生态土家族医药文化文献进行收集整理，把散在的各种土家族医药书籍、手抄本、土家医名医"口碑"文献中有关方剂学的内容进行整理研究，汇编成此书。

文献价值：

该书分为上、下两篇及附录三部分。上篇总论，主要介绍土家医方剂的起源和发展、土家医常用方剂与治法、药物鲜用方剂的分类原则、方剂的组成与变化、方剂的剂型和用法等内容。下篇各论，按治法分为16类，每一类方剂一章，收入常用代表方335首，复方193首，单验方253首。附录包括检方索引、参考书目。土家医方剂学是一门阐明和研究土家医方剂配伍及临床应用的学科，是土家医的基础学科之一。该书是系统介绍土家药物方剂基本理论和临床应用的重要学习资料，可为临床、科研、教学工作者提供参考。

医药价值：

1. 丰富了土家医药理论

作者彭芳胜先生在20多年对师承民间医生和自己基层医疗经验基础上，通过参考文献资料和实际调研，对土家医方剂学的发展历史、基础理论、配伍原则、学术特点、药物性能、基本剂型、方剂分类、临床应用等方面进行了系统总结而成此书，极大地丰富和完善了土家医方剂学体系。

2. 体现出土家医药的传统特色

该书全面整理出土家医方剂的"主、帮、客、信"组方原则，"主主相伍、主帮相辅、主客相敬、主迎信达"的配伍规律和"表、散、清、败、赶、攻、止、调、提、补"10种治法等3个创新点，以及"清除天毒、攻排生毒、驱赶蔫毒"的治毒法和"调和情志、调合男女"的调治法等2个特色的基础理论。在药名上体现了土家药名称，功效上体现了土家医治法，主治上体现了土家医症名，解析上体现了土家医术语，应用上体现了名老土家医经验的5大特点。土家医治病的特点之一是，一般遵循急症用汤剂和鲜汁剂，慢症用丸散、膏剂、包裹剂，对于骨伤劳损、风湿性疾病则选用酒剂。按土家医辨证特点，将方剂分为表出剂、清败剂、松祛剂、撒开剂、攻杀剂、通泄剂、赶熄剂、震拨剂、消拨剂、提敛剂、控停剂、调和剂、固涩剂、补益剂、接续剂、利窍剂等16种。

3. 强调临床运用

该书对收集的方剂的剂量进行了规范。在方剂介绍时，按照方剂来源、组成、用量、用法、禁忌、功效、主治、解析、加减、应用、注意事项、考证、附方进行例举，包含信息丰富，对方剂的临床运用有较大的指导作用。

注：

（1）《土家医方剂学》的编写体例沿用了中医方剂学的编写体例。（2）本书研究、整理、完善了土家医方剂学理论体系，具有鲜明的民族性和知识的全面性、系统性、新颖性、科学性，是我国第一部土家族医学方剂学专著，有助于土家医方剂学学科的建立。

《谭氏土家伤科本草》
Tujia Traumatology Materia Medica of Tan

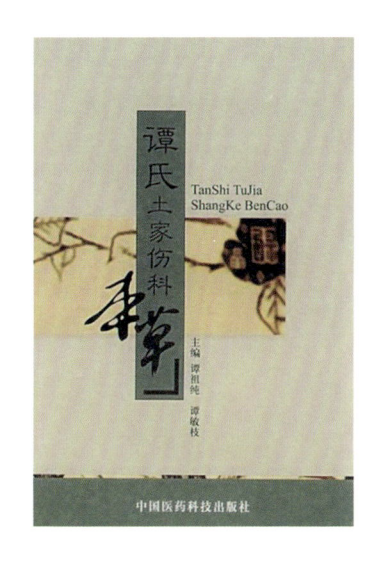

谭祖纯、谭敏枝主编。中国医药科技出版社2007年出版，1册，166页。

文献价值：

该书系统整理了鄂西谭氏土家伤科本草。作者在湖北中医学院王平教授、陈科力教授和湖北民族学院赵敬华教授、颜益志副教授的指导和帮助下，历时两年，深入崇山峻岭，采集药物，制作标本，最终编写出该土家族医药学专著。该书介绍了鄂西谭氏土家伤科历史源流、土家族药物常用剂型、用法及注意事项、土家族药三十八反等内容。该书共收录了土家族药218种，图谱196幅。每一味药分别从别名、科属、生长环境、采挖时间、入药部位、性味、功效、主治、家承传授、临床应用等方面详细介绍，图文并茂，内容丰富，言简意赅，可供临床医师、医药研究人员等阅读参考。

医药价值：

1. 该书是一本专门收录土家伤科药物的专著

在土家族聚集的武陵地区，植物资源丰富，土家人在治疗伤科的过程中形成了具有特色的土家伤科医学。以前土家医学历来都是子承父业或师徒相承，代代口耳相传，不断丰富和发展。本书作者谭祖纯、谭敏枝父子将自己祖辈积累的土家伤科药物及使用心得进行整理汇编成册，对于研究土家伤科药物的传承和开发以及临床指导起到了很好的作用。

2. 体现了土家伤科药物的用药特点

书中记载的药物以植物药为主，介绍了药物的用法和用量等。其中伤科常用剂型为散剂、酒剂、水煎剂、水泡剂和汁剂。其中又以酒剂内服以及鲜药外敷药为主。

3. 突出实用性

书中重点对药物的别名、生长环境、植物形态、用药部位、临床运用等方面进行详述，是一本实用的本草著作。全书对药物的使用以方便、快捷、速效为主，体现了源于自然、服务基层民众的思想观念。

《土家族医药》
Tujia Medicine

朱国豪、杜江、张景梅主编，中医古籍出版社2006年出版，1册，496页。

文献价值：

该书是国家中医药管理局民族医药文献整理丛书之一，是贵州土家族医药学者对贵州、湖南、湖北、重庆土家族聚居较多的地、州、市、县进行广泛深入的基础调研工作后所撰写的一部土家族医药专著。该书共分为五章：土家族医药发展简史、医学基础、临床病治、土家族药物以及学术价值与开发前景展望。全书共列土家族常用药物360种，其中包括108种土家药珍稀品种；介绍了三种内治法与二十四种外治法，神解精神疗法与土家医常见的一百零八症。全书索引为中文名及拉丁名。该书对土家族医药做了较为系统的介绍，有较高的研究价值。

文化和医药价值：

1. 对土家医学进行了系统整理概述

该书详细介绍了土家医学发展史、土家医学基本的医学指导思想、常用病症和治法、常用药物等。书中将土家医的"三元论"与药物的性味进行匹配，系统地将药物的特点、炮制、品种、分类进行介绍。该书对丰富和完善土家医学体系提供了重要支撑，同时对土家医药的文化传承起到了重要作用。

2. 反映了土家医学文化与其他民族文化的相互影响

书中对土家医药历史和理论阐述方面含有易经、道家学说、儒家哲学思想和中医基础理论的影子，反映出土家医学与其他学科、民族或医学体系的文化交叉、互渗。这可能与湘、黔、鄂、渝四省市民族地区是多种少数民族聚居并有着类似的生活环境有关。

3. 充分体现了土家医学朴素的文化特色

土家医学在周易的太极阴阳、河洛数理哲学思想和内经阴阳五行的影响下创立了独特的"三元理论",并应用于人体和疾病的认识;对于疾病的诊断和外治方法也多体现自己丰富的民族特色;对具有规律和特色的药物进行了归纳分类,如血、蜈蚣、还阳类药物。

4. 对土家医药发展有参考价值

该书对土家医药的学术价值、产业现状和发展前景进行了简要分析,为土家医药的后续发展提供了参考。

《土家族医药研究新论》
New Theory on Tujia Medicine Research

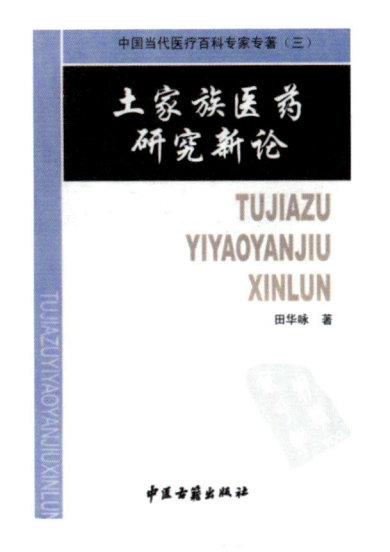

田华咏著，中医古籍出版社2006年出版，1册，262页。

文献价值：

该书是编者对自己近29年发表的有关土家族医药的30余篇论文进行收集整理而成。全书由概论、医史、基础、药物、多元文化与土家族医药文化、学术传承、专题研究、前景展望、探讨和评价共九个部分组成，从各角度展现了土家医药文化的内涵和外延，丰富了土家族医学系统理论。

文化和医药价值：

1. 通过实地调查考证，促进了土家医药文化的继承和发展

该书作者20多年来调查访问了武陵土家族居住区的30多个市、县的"梯玛"（土家族巫师）、土家族药匠以及村民等，查阅资料，发掘、整理了土家族传统医学，用汉字对土家族医药文化做了记录和表述，促进了土家族医药文化的继承与发展。

2. 多角度体现了土家医药的学术特点和学术价值

作者在对土家族医药的调研和探讨中，力图用辩证唯物主义和历史唯物主义观点，多层面、多角度诠释土家族医药学的形成、发展与提高的规律；论述土家族医药发展历史、医药文化、学术特点、学术价值、发展现状、继承和保护现状、现阶段的发展水平，构建了土家族医药学理论框架。

3. 探讨了多元文化发展对土家医药文化的影响

书中着重研究了楚文化、"梯玛"文化、三峡民族医药文化对土家医药的影响。同时对土家医药的地域文化差异和南北流派进行了对比，对研究土家医药的形成和发展具有重要的意义。

《"神骨田"论文集》

Collected Papers of ShenGuTian

田先彩著。中医古籍出版社2006年出版，1册，110页。

文献价值：

该书为中国当代医疗百科专家专著之一，收录了湖北土家名医田先彩的临床经验、治病验方等方面的论文。田医生擅长治疗骨伤、骨病和内科疑难杂症，医术高超，深受当地居民推崇。其撰写的众多医学论文获得多项国际国内奖项。该书是将其主要医学论文成果整理汇编而成。全书包括医论篇、骨伤篇、骨病篇、内科篇、外科篇和针灸篇六部分，收录了《中医要勤奋》《骨不连接的治疗》《关于骨病的脉诊》等多篇论文，是一本供医药研究者以及临床医生等学习参考的著作。

医药价值：

1. 该书以论文集的形式汇集了土家名医田先彩的所有学术思想和经验总结

田医生通过自己对医疗理论的理解，指出行医要从"大医精诚"出发，并对如何发展民族医药尤其是骨伤现代化方面提出了自己独特的见解。通过汇集自己已发表的治疗骨伤、骨病、内科、外科和针灸等方面疾病的医案论文，体现了其个人的治疗特色和独特的医学思想。

2. 有利于土家医药诊疗技术的传承

作者将自己行医过程中的经验、临床验方的组成、药物的用法用量以及用药体会等进行汇集、整理和总结，有利于民族医药思想的传承和医疗技术的开发。

《玲珑医鉴》

Linglong Medical Experience

秦子文原著，赵敬华等校注，中医古籍出版社2006年出版，1册，315页。该书为清末土家名医秦子文毕生行医之成果，原稿为手抄本，共八本，每本4万字左右，直排，手抄本散在民间。其民间手抄本于2003年被发现，受到当地政府的高度重视，国家中医药管理局十分重视土家族医药的发掘整理工作，将此书作为全国民族医药文献整理课题予以立项研究，由湖北民族学院承担此项课题。在湖北省卫生厅、恩施土家族苗族自治州卫生局的大力支持下，湖北民族学院医学院赵敬华教授亲自带领课题组，历经三年艰苦不懈地校勘、注释及标点断句，终于校注完成35万字的手稿，《玲珑医鉴》最终得以整理并出版。

文献价值：

该书分上、中、下三卷，上卷为基础理论，中卷为内科、外科，下卷为妇科、儿科，全书包括诊法、脉学、方药及内、外、妇、儿等科治疗经验30余万言，特别是后两卷疾病诊治部分，悉上溯《灵》《素》经典之旨，下穷朱、钱、翁等百家之言，后列已验诸家药方，真可谓理论与临证的交融之作。秦公在其手稿《玲珑医鉴》中以歌诀的形式总结了有关中药基本理论的大量临证认识，用药经验不仅指导了中医临床诊疗，而且对丰富和完善中药相关理论有重要参考价值。书中医理易懂，详而显要，博而不杂，灌注着秦公毕生之学术思想，具有较高的实用价值和参考价值。

医药价值：

1. 对四性五味理论的精炼

该书药物要诀篇的药性六字经将药性分为寒、热、温、平4种。采用"药名+性效"或"性效+药名"组合之六字句，秦子文不仅将常用154味中药的药性加以概括，而且还将其进行分类以歌诀陈述。概括了44味清热凉血、利水除湿等寒性中药的性能特点；凝练了34味健脾益气、补血、壮阳等温性中药的性能特点等。这种将药物按四性归属的分类歌诀，有利于医者熟谙药性，在用药中灵活合理搭配药味的寒温，做到"药性互参"，体现了中医配伍用药之"平衡观念"。

2. 对药物归经理论的充实

秦公通过多年临证体会出大量关于药物归经的深刻认识。主要体现在以下3个方面：引经报使、诸药泻诸经之邪火和五脏六腑虚实寒热引经用药要诀。秦公不仅对五脏六腑分寒热虚实四证进行具体用药的介绍，而且指明具体脏腑的上行及下行用药；既强调了用药的辨证论治观，又凸显了单味药的妙用之处，为配伍选药发挥了较好的参考作用。秦子文的这类精炼概括，对临床执简驭繁掌握药性以及探索药物新用途具有重要指导价值。

3. 对四季及临证加减用药的归纳

秦公认为五脏对应季节时邪的易感性不同，因而重视因时制宜，对不同季节用药颇有讲究，将前人此类用药法以歌诀简明总结之，处方时还注重加减化裁，如临证加减用药歌。

4. 对炮制理论的总结

秦公在总结前贤经验基础上强调"制药贵在适中和"。在炮制行经歌诀中总结了较多行之有效的炮制方法，如七字诀、五子诀等，指出了各种炮制方法的增效或减毒作用，以及多味常用中药的诸多炮制经验，作为临床实践的观察结果，对中药的药效保证、安全合理应用、便于调配制剂等仍有借鉴意义。

5. 对配伍禁忌理论的强调

秦公在用药过程中不仅遵循传统的"十八反""十九畏"，而且还形成了一些自己的配伍用药禁忌观点，除"十八反"外，另归纳总结了"六反"，其所述歌诀补充了现行中药学教材中有关药物禁忌方面的内容，可为配伍禁忌的现代研究提供更多的参考。

6. 对土家医药经验的继承

该书集秦公数十年临床经验，整理土家民间医药资料，聚历代医家之见解、药物之性用，内容丰富，对土家医药的保护和传承起到了重要作用。

《2006土家族医药学术研讨会论文论文集》
Proceedings of Tujia Medicine Symposium in 2006

土家族医药学术编委会编。中国民族医药学会2006年10月印刷,共1册。该论文集是"2006全国土家族医药学术研讨会"所征集的学术论文的汇编,涉及民族医药临床、基础研究、调研等,符合发表要求的学术论文被推荐到《中国民族医药杂志》《内蒙古中医药杂志》公开发表。一些论文由于到稿较晚,没有赶上杂志的发表时间,被收入该会议论文集,于大会上交流。

医药价值:

本次会议收到学术论文170余篇,涉及民族医药临床、基础研究、调研等学术论文。这些成果由全国医药研究者特别是土家医药工作者努力付出而成,为发展和继承土家医药文化的发展做出了贡献,其中优秀的土家医药学术论文值得我们深入学习和研究。

《土家族医学史》

Medical History of Tujia Nationality

田华咏主编，中医古籍出版社2005年出版，1册，428页。

文献价值：

该书是我国第一部关于土家族医药史学的专著，是国家中医药管理局民族医药文献整理丛书之一。该书是作者经20多年时间，长期深入土家族民间调查，收集历史资料和物证，观察土家族民间原生态医药文化现象，记录土家族医药口口相传等信息。作者站在历史角度，对流散土家族民间千百年的医药文化进行系统整理而成此书。全书近40万字，由九个部分组成。分别从土家族医药的起源、形成与发展，土家族医药在土家族历史上的作用与地位，土家族医药的主要学术特点，土家族周边古文化及古文化事象对土家族医药的影响，土家族医药文化的传承，土家族医药与武陵山区其他民族医药的关系，土家族医药学术成就等方面做了系统的论述。该书是一本全面研究土家医药发展历史和土家医药理论的重要参考著作。

医药价值：

1. 全面记录了土家医学的历史文化和学科内容

本书从历史学、文化学、民族学的角度对土家族医学产生的历史文化背景进行系统的论述，继承和创新了土家族医药学术水平，丰富和完善了土家族医药学理论体系，填补了国内土家族医学发展史研究的空白，是当代我国民族医药研究的重要成果之一，为土家族医药的继承与发展起了引领作用，为恢复土家族医药的临床活力、开展专科专病建设和药物开发研究，奠定了基础。

2. 对土家医药发展有参考作用

书中收载的土家医学书籍和医疗机构信息，对了解土家医药的发展现状，制定土家医学发展战略提供了较好的参考。

《土家族医药学概论》
Tujia Medicine outline

赵敬华主编，中医古籍出版社2005年出版，1册，389页。

文献价值：

本书是作者经过数年对土家族医药文献的收集和整理编写而成。全书分为绪论、土家族医学基础、土家药以及临床各科疾病四部分，分别介绍了土家族医药学基础理论、诊法、治则、药物以及内、外、妇、儿、推拿、五官等各科疾病诊治内容，较系统地介绍了土家族医药的概貌，是一本全面介绍土家族医药的专著。

本书是国家中医药管理局民族医药文献整理丛书之一，通过对土家族医药文献的抢救、整理、编纂，较全面地介绍了土家族民族医药的概貌，为民族地区开展医药科研、教育、临床、药品研制与开发提供了较好的参考价值。

医药价值：

全书分为绪论、土家族医学基础、土家药以及临床各科疾病四部分，第一部分介绍了土家族简史、土家族医药学的形成与发展以及土家族医药的特点；第二部分土家族医学基础介绍了人体结构和功能、气血精、病因病理、诊法、治则治法以及土家医养生保健六个方面；第三部分主要介绍了17类土家常用药物，共269味药，分别从正名、别名、来源、植物形态、性味、功能、应用、注意等方面进行介绍；第四部分介绍了内科、女科、儿科、外伤科、七窍病、小儿推拿六类临床疾病的诊治。本书的出版，对土家族医药的进一步研究和少数民族地区卫生事业的发展产生了较深远的影响。

《土家族名医黄子均医案精选》

Selected Medical Records of Tujia Famous Doctor Huang Zijun

刘杰书、黄云春主编。科学出版社2004年出版，1册，181页。

文献价值：

该书收集整理了著名土家族名医黄子均先生的部分医案，精选了163种疾病，分别按内科、妇科、外科、儿科和五官科进行分类，每一类疾病按证型选择若干病例，共精选了441个病例。每个病例包括基本情况、症状、证候、治法、方药、用法、注意事项及愈后情况等，再附以医案分析，从病、证、症、理、法、方、药等多个方面对所选病案进行简要、深入分析和论述，详细总结了黄子均先生独特的学术观点及临床经验，是一本不可多得的医疗实践心得，适用于高等医药院校师生、临床中西医师、中医药科研工作者以及广大中医药爱好者参考学习。

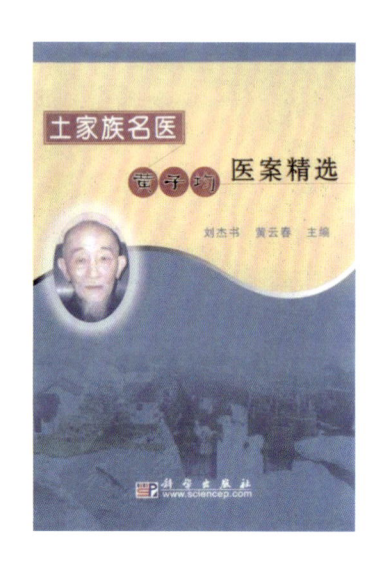

医药价值：

1. 记载了土家族名医黄子均的部分临床医案和临床药方

该书收集的资料多数系黄老先生亲笔记录，部分据其口授，由其子女和学生整理，所有病例都真实可靠。该书记载了黄老先生对专科专病诊治的系统认识，包含了老专家多年积累的宝贵的用药经验，从不同的侧面展示了黄老先生的学术风范和对疾病诊治的独到见解，有助于土家族医药学及土家族医药文化的发扬光大。

2. 取土家医和中医之长

黄子均医生七岁师从土家名医彭占梅，后又深得《医宗金鉴》之精髓，糅合了土家医和中医之长，创造了数以千计的秘方、验方，并在临床中得以运用，这在书中医案得到较充分的体现。

注：

该书中医案所涉及的症状、治法、方药、病案分析，主要以中医体例进行记录。

《土家医方剂理论整理》

Prescription and Medication Regularity of Tujia

杨德泉、张峙、邓瑛编著，1998年4月印刷成册，为16开本，约4万字，为科研成果鉴定资料。《土家医方剂理论整理》分上、下两篇。上篇为总论，下篇为各论。该书对土家医方剂理论进行了较为全面的整理，并系统地介绍了土家医常用方剂，具有较高的实用价值。该项研究成果获1999年度湖南省中医药科技进步三等奖。

医药价值：

土家医方剂理论是土家族医药学的重要组成内容。千百年来，土家医方剂经过历代土家族医家的临床实践和发展，已形成为一门内容丰富、具有土家族特色的方剂体系。该方剂理论主要包括以下几个方面：

1. 土家医方剂与治法

土家医根据临床症候，辨析病因，在确定病症、病因的基础上，确定治疗方法，即治法。一旦治法被确定下来，与之对应的治疗药物、方剂也就制定出来，此为方剂与治法的关系。

2. 方剂的分类具有特色

土家医方剂是以症分类的。按照土家医传统的病症分类方法，土家医方剂分为七十二症剂、七十二风剂、七十二痧剂、七十二劳剂、七十二惊剂、七十二窍剂、七十二流剂、七十二疱疮剂、七十二痒剂、十四气病剂、二十四痢剂、二十四伤剂、三十六妇女病剂、二十四霉剂、二十四疡剂、十二癫痫剂、十二走胎剂、一百单八杂症剂，共十八类。

3. 方剂的组成多样

土家医药认为，各种病症的临床表现的形成原因是不相同的，所以必须选择不相同的治疗药物组成方剂治疗，而组成方剂的药物必须按照主药、配药、引子药等原则进行组方。

4. 剂型丰富

土家医方剂的剂型主要包括汤剂、炖蒸剂、散剂、酒剂、丸剂、煎膏剂、磨汁剂、鲜汁剂、佩挂剂、外擦剂、外敷剂、包裹剂和阴阳水等。其中汤剂是土家医方剂最普通的剂型，其用法包括煎法和服法。

对土家医方剂理论资料的系统整理，有利于土家医药理论的完善，对土家医药的传承与发展具有较高的价值。

《土家族民间奇效良方》
Tujia Folk Wonderful Prescription

由湘西土家族苗族自治州民族医药所田华咏（土家族）、瞿显友（苗族）编写，于1998年印刷的内部交流材料。全书约10万字，为16开本。选辑土家族医方1 000首，内容包括临床各科。选入该书中的方药，包括土家族诸多医生的秘方、单方、验方、偏方，多是他们的传家之宝或经验之方，有的仅由一味药或几味药物组成，用法简便，但在临床上常显奇效，故名"奇效良方"。

《医学萃精》
Medical Essence

清代名医汪古珊所著，刊于清光绪二十二年（1896），共16卷，按子、丑、寅、卯、辰、巳、午、未、申、酉、戌、亥十二地支的次序分12册装订。汪古珊长期在山区行医，拜访民间名师，专研《灵枢》《素问》《伤寒》《金匮要略》等经典中医古籍。他于中医内、外、妇、儿辨证施治中融入土家族、苗族推拿等技法，应用灵活，临床取得很好的效果。他经过近30年的精心钻研与临床实践，积累了丰富的经验，取各家之长，并结合自己的心得体会，历时6年，编成《医学萃精》一书。原版为清代木刻版，由宣恩县刘绍南先生收藏，并于1955年献出，现藏于湖北恩施土家族苗族自治州民族医院图书馆。书中介绍了"三元"学说、"十六络"学说、"四诊"说、"二十四语"等土家族医药学的重要学说，为土家族医药的基本理论奠定了基础，并勾勒了鄂西土家族医药框架。

文献价值：

《医学萃精》图文并茂，文字通俗，以韵语、歌诀为主，便于习诵；其医理淳朴，既尊经，又适用；其中有效便方附于证后，临证翻阅，对证寻药，随处可得，既可疗病，又救燃眉；兼具地方特色，如所附验方，虽有所摘自于前人，但皆本地之所有、所用之药，"若施南地方，随低处皆有也"。加之张兴柱、谭庆刚等倾力点校，更加为读者带来了方便。

医药价值：

1. 方药齐并，内容丰富

《医学萃精》卷中共收药物459种，"每药一味，摘其专长者，作为'西江月'一首便于记诵，知其梗概"；《九证灵方》卷中载内科杂症66症，收方113首，并收录解毒急救诸法及急救便方137个；《外科从真》卷中收载外科各症方112首；《女科提要》卷中收常用妇科病症方131首。

2. 提出众多独特的学术观点

如生命形成观：传统医学观点早见诸《灵枢》《素问》，"两精相搏，合而成形，尚先身生"，而汪古珊从周易太极图得到启示，提出了"人以气化，不以精化""所生者，精中之气也"。他以自然界的普通现象举例，"精"如（种子）中的仁核，"气"如仁核中的生意，"芽生而仁即腐焉"，说明"精不能自生，所生者精中之气也。""气含阴阳"，按照清升浊降，循太极的四象而生。"元性、元命、元神、元精"化生五行，即为五脏生成的基础。这即为"二五妙合"的学说阐释生命形成的理论。可见汪氏的研究在当时是何其的深入。此外还包括生理病理观、病机"三元"观、辨证"二十四语"说和外感"宜疏散，内伤宜收纳"为治疗总则说。汪古珊与他的《医学萃精》既全面地继承了传统的医学理论，又有自己的创新。在生理、解剖、病理、诊疗等方面都自成体系，具有显著的民族性、地方性。

注：

汪氏所著《医学萃精》书中所述虽以中医药为主导，但在医方中收载当地药匠、土医之验方或民族药物，对土家族医药的继承与发展具有重要意义。

《土家族医药学》
Tujia Medicine

田华咏、潘永华、唐永佳、何炬、瞿绍双编著,中医古籍出版社1994年出版,1册,246页。

文献价值:

该书系作者等人历经8年,通过实地调查湘、鄂、川、黔四省边区27个土家族居住较为集中的市、县等地流散的土家族民间医药情况,查阅有关土家族史学资料,并对得到的土家族资料进行系统化、条理化整理后的研究成果。全书依照土家医学基础、临床证治的顺序展开,分为概述、土家医基础、药物、临床证治和附录五部分。概述部分主要论述了土家族简要历史、土家医药史回顾和土家医特点;土家医药基础部分论述了人体基本结构、病因病理、诊法、治法、卫生保健五个方面;药物部分论述了药物命名的特点、药物分类、药物采制、药物性能以及常用药物252种。临床证治部分论述了疾病的命名与分类以及临床各论;附录部分包括药物中名索引和后记。该书全面系统地概述了土家族医药的理论和实践内容,内容丰富,可供土家族医药研究者和临床工作者参考。

文化和医药价值:

1. **编排上体现土家医药学特色**

土家医学基础部分以三元论为基本核心,逐步展开对病因病理、诊法、治法的介绍。对于临床疾病的命名采用土家医的分类方式,如"七十二症""三十六疾""七十二风""七十二瘆""三十六惊"等,而未按现代医学内、外、妇、儿等学科进行分类。在疾病诊断中总结了常用的骨脉、命脉、芳脉、天脉、虎脉、肘关脉、踏地脉、鞋带脉、指缝脉、太阳脉、地支脉等11种常见脉象，其中土家医在拿地支脉时还遵循一定的时间号脉。书中介绍的土家族常用药物按败毒药、赶气药、赶风药、赶火药、赶食药、喜药、火疤药、打伤药、打虫药、蛇药等21类进行分述。

2. 全书包含了丰富的土家医药文化

该书从医药文化、医学基础理论、药物和临床证治等方面，系统、全面地总结和搭建了土家医学的主要框架，为土家医药文化的传承和研究提供了参考依据。

《湘西常用民族药炮制方法》

Processing Methods of Common Ethnic Medicines in Western Hunan

该书为瞿显友、杨赛兰、田华咏等人编写，于1994年12月印刷的内部科研成果鉴定资料，全书约29万字，为16开本。

文献价值：

编者们进行了多地实地采访，在大量阅读收集的材料的基础上，对湘西民族药的炮制方法进行了较为系统的记录和研究。该专题资料共收集湘西土家族苗族民间常用药物498种，炮制方法20余种。书中所介绍的炮制方法颇具民族特色，如土家族的尿制法、汗食佩干法、火烧法、制炭法、烧灰法、取汁法以及药汁制法等。《湘西常用民族药炮制方法》研究成果获1996年度湖南省中药科技进步三等奖。该书是研究湘西地区药物炮制方法的重要参考书，对于土家族医药的开发有一定参考价值。

医药价值：

1. 阐述湘西常用民族药炮制规律

湘西民族药以鲜药应用较多，认为鲜药药性好，见效快，且注重药物的采摘时间。如"春用尖叶夏花枝，秋采根茎冬挖蔃，乔木多取茎皮果，灌木适当用金株，块根植物取根头"等。这是采药时间一般规律，要求在药材有效成分含量高时采收，以保证疗效。对药物的炮制一般要求"毒要制，补要蒸，软草要生用；硬要烧，水要干，昆虫应有声"，此为湘西常用民族药的一般炮制规律。

2. 记录了湘西常用民族药炮制的特点

湘西常用民族药的炮制受民间医学的影响，有着自己特点，主要包括3点。①简单方便：民族药的炮制方法原始而简单，如烧炭、烧焦、烧灰存性、火煨、尿浸等方法，没有太多的炮制材料和器具。②随方炮制：除少数有毒的药物或不易保管的药材须及时加工炮制外，多数药物系根据某些病情的需要而临时炮制。

③鲜药炮制：民族药多为鲜用，但并非意味着不经过炮制，如治跌打损伤，多采鲜药捣烂，加适量的白酒炒热后，外用于患处，起着活血祛瘀功效。治疮疤时，将鲜药捣烂并加一点醋，起着解毒消肿作用。

《土家族特殊药物名录》
List of Special Drugs of Tujia

　　该书由田华咏编著，于1993年12月打印成册，为16开本，全书约5万字，为内部交流资料。该书共收集"七"类药物72种，"还阳"类药物72种，"莲"类药物94种，"参"类药74种，"风"类药物69种，"血"类药物36种，"蜈蚣"类药物36种，矿物药物68种，共计521种。该书是研究土家族药物文化和用药特点的重要参考书，体现了一定的民族药特色，为深入研究土家族药物提供了参考。

《湘西土家族医药调查与研究》

Investigation and Research on Tujia Medicine in Western Hunan

彭延辉、王万贤、廖博儒等编著，为内部交流资料。在课题负责人彭延辉的协调下，与大庸（永定）、保靖、永顺、龙山、桑植各县调查组合作，对湘西土家族聚居各县进行了调查，调查时间为1985年7月至1987年12月。该资料包括了土家族医药基本理论、疾病分类、治疗方法、药物分类、采集加工及药材高产栽培经验、境内主要药材商品的真伪鉴别等。并发现药物新资源30种（件），土家族独用药物近200种，弄清了资源的分布和蕴藏量，并附药物名录1 556种，单方、验方1 082个。"湘西土家族医药调查与研究"课题经湘西土家族苗族自治州科委组织专家通过鉴定，并获湖南省大庸市1992年科技进步一等奖。

《单验方选编》
Book of Unilateral Prescriptions

  该书为四川省秀山土家族苗族自治县（现属重庆市）卫生局选编，1989年10月印刷的内部交流资料，全书共约20万字。《单验方选编》中的选方分为内科、妇科、儿科、外科、骨伤科、五官科、痔瘘、计划生育和除害灭病共九大部分，共选方1 458首。每方从主治、药物组成、用法、献方人四个方面进行介绍。秀山土家族苗族自治县单验方选自县内众多名老民族医的单方、验方、科方，其法之简、用之便、效之捷颇受群众推崇。

《单方验方一百一十例》

One Hundred and Ten Cases of Unilateral Prescription

  该书由湖北省长阳土家族自治县中草药资源普查办公室田万有（县中药材公司）组织选辑，于1986年11月20日编印成册，为内部交流的印刷资料。全书共选辑长阳县土家族民间有效单方、验方110首。这些民族验方单方一般具有简便实用、疗效较好、取材方便和价格便宜的特点。110首单方、验方都是在该县中草药普查中收集整理而来，涉及临床各科，具有较好的参考价值和实用价值。

《民族医药验方选编》
Prescriptions of Ethnic Medicine

该书由湖北省鄂西土家族苗族自治州鹤峰县卫生局组织选编,由向才顺、陈国元两位先生收集,王炯先生编写,于1986年8月打印成册,为16开本。本书共收集单验方160首,治疗病症43种。160首单验方中大多数出自该县著名民族医向家恩、唐三元、刘莫清医生之手,临床疗效较好。

《鄂西民族药志》（第一册）

Ethnomedical Records of Western Hubei（Volume I）

湖北省鄂西土家族苗族自治州方志先、雷永恕、胡淑玲等人编著，鄂西州卫生局、民族委员会编印的《鄂西民族药志》第一册，于1985年10月印刷，用于内部交流。全书约21万字。本册共收载鄂西州土家族民间常用和习用药物100种。每种民族药分药名、别名、来源、生境与分布、用药经验、药材性状与鉴别、采集加工、性味功能、民族用药经验、科研资料、药物黑线图等项做了详细介绍。在附录中，还介绍了附方药名注释、民族药名索引、拉丁名索引等。

《民族医药资源汇编》

Compilation of Ethnic Medicine Resources

该书由湘西土家族苗族自治州民族医药研究所编著，为内部资料，共2辑。1985年以来，在研究所所长石通文、副所长田奇伟的领导下，在该州各县民族医药工作者和广大医务人员的协作下，该研究所对全州土家族、苗族医药进行了调查，1985年12月汇成第一辑，1986年12月汇成第二辑。第一辑的第83、97、112、115页和第二辑的第48、84、113、128页收载了湘西土家族聚居区的土家族医药理论、诊断和治疗方法等概述性内容。

《恩施中草药手册》
Enshi Chinese Herbal Medicine Handbook

湖北省恩施地区中草药研究小组1970年编印，1册，1 094页。

文献价值：

该书分为常用中草药和附录部分，收载药物以草药为主，其中常用中草药共500种，按照笔画顺序排序，每一种药物从正名、别名、形态特征（附图）、生长环境、采集加工、性味功能、主治用法和备注等8个方面介绍；附录部分包括中草药植物形态名字简释、正名和别名索引、治疗病症简明索引、编后说明。该书是一本反映20世纪70年代恩施地区中草药药用植物资源的工具书。

医药价值：

1. 表现出一定的药物地域性特点

该书收载的药材均以湖北恩施所产为主，对研究恩施地区中草药、民族药资源分布和开发研究具有较高的价值。

2. 反映民族医药的发展历史

该书是20世纪70年代我国"中草药运动"过程中的产物，该书记载的药材和所治病症，反映了过去在农村落后的医疗卫生条件下，群众就地取材，充分利用自然资源抵御疾病的过程。

3. 有利于在落后医疗卫生条件下普及防治疾病知识

全书对中草药植物形态基本知识进行了介绍，在具体药物的描述时又配以墨线图，主要侧重于对土家族地区民族药物特征的辨识，便于在落后医疗条件下全面普及防治疾病知识。

注：

书中涉及湖北恩施土家族地区药用资源，虽然其中收载了大量土家药物资源，但未将中药和土家族民族药物加以严格区分。

◆ 古籍文献

四川省宣汉土家族医药祭司象形文字
Pictograph of Tujia Medicine Priest

四川达州宣汉县是巴文化高地，土家族在宣汉人口占比最多，具有独特的土家族祭祀文化。其一有文字——祭司文字，二有罗家坝遗址。目前宣汉发现的祭司文字记载中，包含土家族医药知识和经验（图1、图2、图3）。土家医药传承历程具有历史的厚重感（巴文字的传承载体）、独特的文化属性（祭司身份）、科学性（有据可查的病例）。当地土家族的民间医生分为祭司型、习武型及专业型，民间医生收藏有丰富的祭司象形文字手稿、字典、病历，其历史可以追溯到上千年，可以为深入研究祭司培养体系下的土家医药传承脉络提供载体和依据。

图1　宣汉土家族祭司象形文字中的医药内容

图2 宣汉土家族祭司象形文字词典——象形文字和汉字对照

图3 宣汉土家族祭司象形文字中"七类"药记载

三种《七十二症》手抄本

Three Notes on Seventy-two Diseases

在湘西土家族民间有多种有关《七十二症》的手抄本。现有记载的三个版本分别是向家湘抄本、周通群抄本和赵善林抄本。这些抄本是由湘西土家族苗族自治州民族药研究所田华咏等人在1985年7月民族医药调研中，在永顺县、泸溪县、大庸市三地收集得到。一是永顺县勺哈乡药匠向家湘藏的手抄本；二是泸溪县自洋溪乡药匠周通群手抄本；三是大庸市大坪乡药匠赵善林的手抄本。现有二种抄本复印件或手抄件存湘西土家族苗族自治州民族医药研究所陈列室。土家族民间三种"七十二症"抄本与病名相关药物216种（除去只有病名，而无证治描述的13种）。三种抄本相同的病名共26种（共78种），两种抄本相同的病名有27（共54种），其他84种病名不同。在相同的病名中疾病证治描述大同小异，在"七十二症"的治疗方法上，突出土家医传统外治法并辅以药物内治，是流传于湘西土家族民间的重要医学抄本。

《南垣医抄》
Nanyuan Medical Transcript

共18卷,现存残稿5卷。为永定人氏胡先兆(1803—1850)所著。抄本中收载了地方特色诊疗经验。

《外科百单方》
One Hundred Surgical Prescriptions

为湖南省湘西土家族苗族自治州泸溪县瞿善卿在民国初年抄写，后为瞿绍双所藏，收外科病证药方266首，共526页。

《外科必要》
Prescription of Surgical

为中华民国三十一年（1942）二月，永顺县土家族名医彭廉泉（又名彭法仙）的手抄本，收载外科方药百余首。

《针刺与气功》

Acupuncture and Qigong

该书为手抄本，湖南省永顺县石堤西乡陈正达医生珍藏。书中介绍了针术，针灸，穴口（穴位）名称、部位，并附图2张，载穴口108个，并介绍了气功、练功方法和气功治疗疾病等方面的内容。

《正骨治疗》
Orthopedic Treatment

该书为手抄本，湖南省张家界市永定区罗秉周医生珍藏。书中介绍了各种骨折、脱位伤筋等的病因、临床症状、诊断方法，并详述了骨折、脱位的整复，包扎、固定、敷药等一系列具民间特色的治疗方法，并详细记载了祖传绝技"梧桐接骨方法"治疗骨折等内容。

《各方药草》（一）
Herbs Summary（No.1）

1册。为陆源于1959年5月的手抄本。《各方药草》重抄本现为四本，由湘西土家族苗族自治州民族医药研究所于1985年夏在调研民族医药时所收集。《各方药草》中收载了土家族民间各科治疗疾病方数百首、传统外治法数十种。在传统外治法中，还介绍画符、念咒等心理意念作用方法，是土家族梯玛文化或楚巫文化在医疗活动的历史沉淀。此外，书中还有气功、武术等应用于医疗方面的介绍。

文化和医药价值：

该抄本完好收录了土家族民间各科治疗疾病方药数百首、传统外治法数十种，不但保存了土家族丰富的医学知识，还体现了土家族梯玛文化或楚巫文化在医疗活动中的影响，是研究土家族民族医药文化的重要参考资料。

《急救药方》
Aid Prescription

1册，为湖南省湘西土家族苗族自治州永顺县土家族药匠陈复兴手抄本。书中介绍了内、外用急救药方80首，另外还介绍了小儿推拿方法及小儿惊风运行火行法等。

《祖传秘方》
Secret Formula Inherited from Ancestors

为湖南省桑植县孙发宝手抄本。收方28首。

《草药十四反》

Fourteen Taboos of Herbs

为湖南省龙山县茨岩塘镇苞谷坪村谢应全手抄本。"草药十四反"以诗律形式记录:"草药龙盘反五加,红藤莫与贯藤下。细辛又反金盆草,八仙不敌乌头骨(膏)。血竭又怕过山虎,山虎又被木通欺。要知草药十四反,细辛又怕斑毛鱼(遇)。"该书为研究土家医药中药物的相互作用提供了重要参考。

《草药十三反》
Thirteen Taboos of Herbs

抄写者、时间不详。《草药十三反》抄本中记录："生药龙盘反五加，钩藤浆藤两相差。细辛不入金盆草，八仙又反五爪龙。木通不入搜山虎，山虎又被木通欺。要知生药十三反，茅根又反八棱麻。"其内容与《草药十四反》类似。

《草药三十六反》
Thirty-six Taboos of Herbs

由建始县中医院谭明杰收集，在湖北省鄂西建始县土家族民间传抄。"草药三十六反"内容为："红黑二丸血贯肠，麦子七治晕咳痰，相反就是铁扁担。冷水七治色劳伤，相反就是鸭子七。铁撬黑虎二香丸，大反肿痛半边连。铁撬牛尾身骨疼，大反蜂子（七）痛又冲、海螺七八角莲。八爪相反喉闭口困、血见愁与三柱香。大降龙（草）治蛇伤、黑虎七同扁担七，大反色劳羊角七。红绿二南星用生，相反无娘藤。乌毒生二乌，相反四叶和珍珠。白龙过江金不换，相反岩峰（子）九龙盘。马齿克顶天柱，相反梅猴和血珠。此赋言明三十六反，切忌使药致细详。"三十六反中药物，与"十三反""十四反"中的药物相似较多，是土家族药匠在不同时期不同地区，在"十三反""十四反"基础上总结出来的药物反畏现象的用药经验。

《各方药草》（二）
Herbs Summary（No.2）

1册。为陆源手抄本，原作者及抄写年代尚待考证。抄本中介绍100余首方药。

《老祖传秘方》
Secret Formula Inherited from Ancestors

1册。为湖南省湘西州永顺县石堤乡柴月村陈正达手写本。收方101首,包括儿科、内科及外伤科方药。

《擒拿二十四气》

Twenty-four Kinds of Catching and Grappling

湖南省湘西州永顺县石堤乡老药匠陈正达善武打气功，是医武结合的土家医，家中存有擒打、气功方面的手抄本《擒拿二十四气》。书中对人体的穴位不是按传统中医经络穴位描述，而是按人体位置和部位描述的，在记述的近300个穴位中，大部分为土家族药匠命名的穴位。并附图37幅。如勾子穴（位于腹股沟处）、地空穴（位于足中）、鬼眼穴（位于膝眼部）、鱼鹅金耳穴（位于耳垂下方）、架染小穴（位于人中穴上位）等。关于武打气功方面，有描述擒拿二十四气："一天门、二金销、三心金、四井栋、五大成、六后成、七将台、八还魂、九曲尺、十脉门、十一三关、十二架梁、十三五虎、十四背心、十五肛角、十六上马、十七下马、十八腿红、十九寮贤、二十弯子、二十一弯弯子、二十二下寮贤、二十三鞋带、二十四钩子。"以上擒拿二十四气，主要作用是指按人体穴位和时节练功壮体强身。

第四部分 其他民族医药著作

概 述

在中国西南辽阔的喀斯特地区，世代居住着众多少数民族，他们主要分布在云南、广西、四川、重庆等地与贵州的交界地区，具有典型的大杂居、小聚居、相互交错居住等特点。除人口较多、聚集程度较高的苗族、侗族、土家族外，这里还零星分布着彝族、瑶族、布依族、水族、仡佬族等少数民族。在漫长的历史发展和自然生态环境的影响下，这些少数民族形成了自己独特的医药文化，为少数民族生命健康、繁衍生息发挥了重要作用。

这些地区的彝族、瑶族、布依族、水族、仡佬族等大多数少数民族缺乏记录自己历史文化的文字，加之人口聚集度不高，民族医药发展缓慢，民族医药主要集中在经验用药方面，大多没有进行系统性的总结。其中，已有少数民族医药文献的民族包括瑶族、布依族、水族、仡佬族、水族、毛南族、彝族等6个少数民族，这些文献以汉文的形式记录了各自少数民族祖先在同疾病斗争中总结的宝贵经验，药物治疗疾病以单方为主，体现了方便易得、疗效确切的特点；用药方面以单味药为主，用药方式多为鲜用，或与食物同用等，颇具民族特色。此外，这些地区的少数民族还创造了自己独特的非药物治疗方法，如布依族的"滚烫疗法"，即将苦蒿的嫩叶用大菜叶子包好于火坑内烧10分钟左右，取出在患者身上滚烫（以不烫伤皮肤为度）以治疗某些疾病。

在多元文化的影响和融合下，一些少数民族在医药方面呈现相互借鉴的现象，如布依族"滚蛋疗法"与苗族"履蛋疗法"，仡佬族"扎瓦针疗法"与布依族"打瓦针疗法"都有相似之处。此外，同一植物药在临床上各民族应用情况也有所不同，如仡佬族将金钱草用于治疗乳腺癌，而水族则用于治疗胆结石。这些丰富多样的治疗方法和药物为民族医药的开发利用提供了重要的材料。同时，积极开展这部分民族医药文献的整理和评价对于加强民族医药传承和保护、提升民族自信和增强民族文化意识都将起到较大的促进作用。

本章共收录少数民族文献72本。已收录的文献中，包括瑶族、仡佬族、布依族、彝族、水族、毛南族等6个少数民族医药文献12本，这些文献对药物的记录较多，对于医疗理论的记录较少。此外，还收录了含少数民族医药的综合性文献60本，这些文献一部分主要是在20世纪60、70、80年代分别开展的三次全国范围的中药资源普查基础上整理而成，另一部分来自于民族医药工作者的个人调研和经验总结。这些文献在调查整理少数民族地区中草药过程中融入了众多的少数民族医药内容，对少数民族医药的发展和传承起到了重要作用。然而，目前对这部分内容仍缺少深入的研究，还需在今后的工作中进一步完善。

◆ 现代文献

《湘西地区医疗机构处方常用苗药手册》

Handbook of Miao Medicines Commonly Prescribed in Medical Institutions of Western Hunan

周明高主编，中医古籍出版社2021年出版，1册，257页。

文献价值：

该书是依据湖南省中医药管理局科研项目和湘西土家族苗族自治州科技重大专项科研项目的科研成果编写而成，是一部集民族性、科学性、权威性、实用性于一体的苗药专著。

医药价值：

1. 反映临床实践，为湘西地区医疗机构苗药的使用提供了参考

该专著汇集了湘西地区苗药的文献整理和调研成果，在突出苗医用药特色的基础上，较为全面、系统、翔实地反映了临床实践。该书的编写旨在规范湘西地区医疗机构的苗药使用，确保临床用药的安全、合理和有效，同时为苗药的科研、教学和开发等方面提供重要的参考价值。

2. 内容详细，分类规范合理

该书依照"苗医常用、来源清楚、疗效确切、比较成熟"的遴选原则，共收载147味苗药，所载品种在湘西地区使用广泛且有特色，涵盖了骨伤科、皮肤科、脾胃病科、蛇伤科、风湿科等专科的苗药主要优势品种。各品种按中文药物名称的首字笔画顺序进行排列，对收载的每一味药的名称（包括苗药名）、来源、药材鉴定、加工炮制、性味归经、功能主治、用法用量、使用注意、贮藏以及常用方药等内容进行详细的规范性论述。

《云南民族药大辞典》
Yunnan Ethnic Medicine Dictionary

郑进、张超、钱子刚主编，上海科学技术出版社2019年出版。共2册，3 171页，其中上册1 671页，下册1 500页。该书为"十三五"国家重点图书出版规划项目、国家出版基金项目，由云南中医药大学组织六十余位民族医药工作者共同完成。该书是部全面、系统介绍云南民族药的大型辞书，也是云南民族药研究的集成性著作。

文献价值：

该书分上、下两册，资料丰富，内容翔实，特色鲜明，检索方便，其既集中体现了30多年来云南民族医药研究的成果，又全面总结了云南各民族在临床实践中的用药经验，是开展民族医药科研、教学和临床工作的参考书，也是中草药民族药爱好者的工具书。

文化和医药价值：

全书共收集、挖掘和整理我国云南各少数民族药物1 469种，附方8 000余首，每味药物对民族药名异名、来源、药用部位、采收加工、药性、功效、主治、用法用量、禁忌、用药经验、附方、现代研究附注等给予详尽阐述，并配有彩色药图和附录药物名称索引，这些栏目既定位了该药的基原和功能，也阐明了这味药与其他传统药、特别是与中药的共同性和特性；既显示了民族药独特的个性，反映出少数民族独有的原创思维，也如实展示了民族文化和汉文化的交流与融合，这是中华文化"多元一体"格局在传统医药领域的反映。该书的出版，旨在传承和保护独特的民族药基本理论临床应用经验和用药特色，创新发展和丰富我国传统医药学内容，促进民族药研究与开发。

《中国传统医学比较研究》

Comparative Study of Traditional Chinese Medicine

董竞成主编，上海科学技术出版社2019年出版，1册，668页。

文献价值：

该书系统总结了民族医药基础理论与临床用药经验，突出民族医药的理论与特色。该书侧重于深入挖掘民族医药理论在临床的实际运用，并总结民族常用特色方药，颇具临床实用价值。该书可供中医药科研人员、临床工作者和中医爱好者参考、学习。

文化和医药价值：

1. 关于中国传统医学的战略性思考

该书对中国传统医学做了全面、系统、多维度的梳理和阐释，包括从时空角度对中国传统医学的历史、现状和未来的思考和梳理，从哲学、文化、宗教等多种角度对传统医学进行了跨学科的思考和切入，从结构要素方面对传统医学乃至整个医学进行了系统思考和解析。

2. 全面、细致地概述了中国主要民族传统医学构成

该书分为中国各主要民族传统医学概况和特色研究两个部分。分别对中（汉）医、藏医、维医、傣医等中国各主要民族传统医学，从理论体系、代表人物、代表著作、理法方药、特色疗法、现代研究等进行了全面、细致的概述。

3. 对中国主要民族传统医学的相似性与差异性做了详细的比较研究

该书在主要的民族传统医学中遴选某两个或三个，从其理论学说、病因病机、理法方药、诊治方法等方面进行互相的比较和研究，或者具体到传统医学的

某一构成部分,比如解剖学、生理学、病理学、护理学、药理学等,进行传统医药之间的解构研究,在比较的基础上得出其异同,发现中国各民族传统医学皆根植于优秀的中华传统文化,立足于中国传统哲学思辩,彼此之间相似性大于差异性,从而展示了整合与重构中国传统医学的坚实基础。

该书可供中医临床工作者、中医科研人员、中医院校师生和中医爱好者参考学习。

4. 促进了民族文化的融合和发展

该书的出版符合国家大力支持民族医药创新发展的政策,有利于推动民族医药经济的发展。该书契合国家"一带一路"倡议,民族地区是"一带一路""互联互通"的重要节点和关键枢纽,该书对中国传统医学的兼容性与国际化、人文精神以及走出去战略进行了总结与思考,为中医药国际化发展、中医药文化的传播与推广、中医药走出去战略等提供了理论支撑,可以积极推动包括民族文化、传统医药文化在内的中华文化走出去,加强与周边国家的交流与沟通。

《民族医药临床特色技术与应用（壮瑶苗侗分册）》

Clinical Characteristic Technology and Application of Ethnic Medicine

(The Zhuang, Yao, Miao, Dong Ethnic Groups)

徐宏主编，广东科技出版社2018年出版，1册，201页。

文献价值：

该书是一本关于民族医药临床特色应用的著作，简洁实用，对广西民族医学的传承和推广具有较好的推动作用。该书是一本具有现实指导意义的民族医学参考用书。

医药价值：

该书主要分为四个部分，包括壮医、瑶医、苗医、侗医四个民族医药的特色理论和文化、基础理论研究以及常见疾病的民族医药疗法等内容，全书充分突出了特色技术的易操作性，有利于制定民族医药的诊断和疗效技术标准、质量标准及操作规范等，有利于民族医药特色诊治技术的示范与推广应用。对广西民族医学的传承和推广具有较好的推动作用，有益于民族医药学的发展和弘扬民族医药文化。

《仡佬族药物彩色图谱》
Color Pictures of Gelao Ethnic Medicinals

王华南主编，贵州科技出版社2017年出版，1册，202页。该书为"贵州民族药物彩色图谱丛书"之一，丛书选择苗族、布依族、仡佬族、水族和侗族这5个民族的常用药物来编写"贵州民族药物彩色图谱丛书"。其目的：一是弘扬民族文化，加快民族医药事业的发展；二是揭开贵州少数民族地区原生态的神秘面纱，彰显贵州民族药材资源的丰富性和多样性；三是加强各少数民族之间的交流与合作，传递党和政府对少数民族的尊重和关怀，更好地促进各民族之间的大团结。

文献价值：

该丛书在参考《苗族常用植物药》《布依族医药》《仡佬族医药》《水族医药》和《侗族医药》的基础上，增加了彩色图片和民族药品种。编写人员深入山间田野、村寨地头，走访各少数民族民间医生，充分进行民族医药调研，将口传的珍贵的各民族的用药经验、用药特点、加工方法、药性理论以文字记载的形式进行了及时的挖掘和保存，对民族用药进行了抢救性的继承、系统性的整理和分析研究。该书编写人员通过多年在仡佬族地区实地走访、考证和文献调研，对仡佬族药物的生境、分布、功效及民间用药经验等进行了深入研究，拍摄药物图片并收集了许多宝贵的资料。该书内容丰富，图文并茂，是一本对仡佬族药物鉴别和使用具有指导意义的医药工具书。

医药价值：

作者在修订部分原植物学名的基础上，编写和推出了这本集药物彩色图片、文字介绍、仡佬族药名索引和民间传说等内容的《仡佬族药物彩色图谱》。仡佬族药物来源包括植物药、动物药、矿物药及其他药物，其中以植物药居多。从各地调查的资料表明，目前仡佬族药物所用品种上千种，但常用药物仅200余种，而在药物的命名方法上各方言区基本相似，从一个药物的名称便知药物的类别、药用部位或特征，这体现了仡佬族药物命名具有科学性及民族特色。仡佬族药物作为我国传统药物的组成部分，该书的出版，对其化繁为简，厘清民族药名对应的原植物（动物、矿物）学名、俗名、入药部位、生境、分布、功效及用药经验，实现民族药物的传承具有重要作用。

《布依族药物彩色图谱》
Color Pictures of Buyi Ethnic Medicine

张敬杰、孙庆文主编，贵州科技出版社2017年出版，1册，265页。该书系"贵州民族药物彩色图谱丛书"之一，既有文字描述又有图片说明，图文并茂，通俗易懂，具有科学性和实用性，方便读者阅读。

文献价值：

该丛书在参考《苗族常用植物药》《布依族医药》《仡佬族医药》《水族医药》和《侗族医药》的基础上，增加了彩色图片和民族药品种。编写人员不辞辛苦，跋山涉水，走村访寨，深入布依族同胞中，走访有各种专长的布依族医师，认真听取和记录，及时采集样本和拍摄药物照片，收集并挖掘散落在各地的零星资料，通过分类整理编写而成此书。该书较系统地记录了贵州布依族常用药物的生长和使用特点，是一本研究和开发利用布依族药物的重要参考书。

医药价值：

该书在参考《布依族医药》一书的基础上，收集整理贵州布依族药物共261种，附图片近300张。全书内容包括每一种布依族药物常用名称、俗名、来源、生境与分布、入药部位、采收加工、性味、功效、用药经验等。全书图文并茂，清楚明了，对布依族医药的传承具有重要作用。

《2011—2015年贵州省中药民族药产业发展报告》

Report on the Development of Traditional Chinese Medicine Industry in Guizhou Province from 2011 to 2015

贵州省科学技术情报研究所、贵州省科技发展战略研究院编，贵州科技出版社2017年出版，1册。该书客观地总结了被列为贵州省"五张名片"之一和贵州省"十大扶贫产业"之一的贵州省中药民族药产业在2011—2015年期间在中药材产业、医药制造业、药品流通业、中药民族药科技创新等方面取得的成果及发展状况。

医药价值：

该书试图从中药民族药产业发展角度，结合产业统计数据，全面分析2011—2015年贵州中药民族药产业如何集成相关资源推动产业集群创新和升级，为中药民族药产业的进一步创新发展提供参考，也为产业创新发展研究提供一些材料和视角。该书内容全面，数据翔实，为中共贵州省委、省人民政府进一步深入推进中药民族药产业发展提供了决策依据，对促进全省中药民族药产业的持续健康发展具有重要意义。

《少数民族医药适宜技术选编》（一）

Selection and Compilation of Appropriate Technology for Ethnic Medicine（No.1）

王志勇主编，中国中医药出版社2017年出版，1册，229页。

文献价值：

该书是在公共卫生专项基金项目"民族医药文献整理及适宜技术筛选推广"项目成果上，中医药管理局组织专家从140项少数民族医药适宜技术中，按照民族特色鲜明、具有一定的少数民族医药理论支持，技术文本撰写规范、操作要点明确，应用安全、疗效确切、尽量无创或创伤性小，简便易学、便于推广、应用条件限制少，普适性强，尤其是适用于基层常见病、多发病，知识产权清晰等原则，遴选出38项整理而成。该书对认识和推广民族医药适宜技术有一定的指导作用，可供民族医疗机构学习和参考。

医药价值：

该书详细介绍了各民族的适宜技术，主要包括瑶医火攻疗法治疗类风湿关节炎技术、壮医火针疗法治疗骨性关节炎技术、侗医腘吓（刮痧）疗法治疗腰痛技术、苗医正骨疗法治疗腰痛技术、土家医雷火神针治疗风湿病治疗技术等。这些传统医疗技术经推广能够被更多的医务工作者学习、掌握与应用，进一步扩大少数民族医药适宜技术推广应用的范围，让少数民族医药更好地服务于百姓健康，造福人民。

《民族药创新发展路径》

Innovation and Development Path of National Medicine

朱兆云主编，科学出版社2017年出版，1册，504页。

文献价值：

该书由云南白药集团、云南省药物研究所共同组织编写。该书结合国内某些企业多年实践经验，对诞生于反复实践中的民族药创新发展路径进行深入分析阐释，全书语言简明扼要，兼顾科学性、实用性和可读性，可供从事传统药物科研、教学、生产、管理等工作人员，以及对民族药感兴趣的读者参阅。

医药价值：

1. 世界主要民族药概况介绍

该书上篇主要内容为民族药及民族药学概念、内涵；民族药发展历程及发展规律；民族药特征；民族药学研究内容、方法及其特殊性；民族药知识产权保护、产业化及靠前化现状、存在的问题及解决对策；中国55个少数民族药概况；世界主要民族药概况。

2. 民族药的创新路径探讨

该书中篇主要阐释了民族药创新发展路径，包括民族药资源调研、规范化研究、产业化、靠前化及民族药科技平台建设和团队培育。

3. 民族药发展案例分析

该书下篇主要分析包括云南白药、奇正藏药、三七产业、灯盏花产业、彝药金品系列、贵州苗药等六部分的案例，以浅显易懂的语言展示上述影响较大的民族药企业、产品及产业的创新发展历程、发展过程中的特点等内容。

《中国民族药辞典》
Dictionary of Chinese Ethnic Medicine

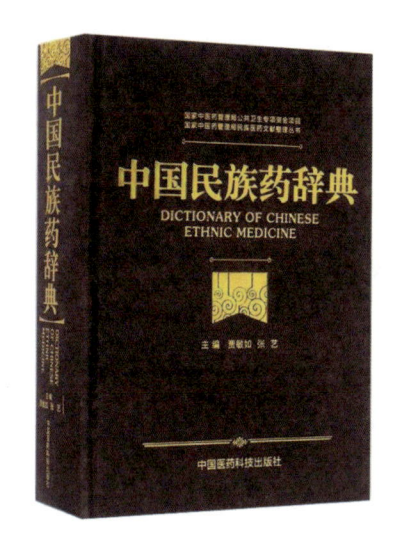

贾敏如、张艺主编，中国医药科技出版社2016年出版，1册，1 263页。该书以药用品种为词条，收录词条总数7 736条，合计1 937千字。

文献价值：

该书是国家中医药管理局民族医药文献整理项目（2010MZ06-2010WX10）的成果，自2010年启动编写工作，历时6年完成。该书全面总结了中国各少数民族（包括台湾世居少数民族）的医药文献，填补了大型民族医药工具书的空白，是一部记载民族药传统用药经验的总纲性文献，是现今词条量最多、收载量最大的民族医药权威标志性著作。该书具有较高的科学性、先进性、实用性，是当代民族药研究的标志性成果，对民族医药教学、科研、临床有重要指导意义。

医药价值：

1. 涉及民族和药物广泛

该书首次全面总结了民族医药文献研究、整理分析的结果，确认当前全国少数民族使用药物总数为7 736种，其中植物药7 022种，动物药551种，矿物药163种，涉及使用的有53个少数民族。

2. 关注民族药中的矿物药

该辞典全面介绍了各少数民族所用矿物药的种类，并与汉族所用相类似者做了比较（见该书附录三）。

3. 全面介绍了少数民族使用的进口药材

该书全面介绍了各少数民族所需进口药物（药材）的种类和在有关民族中使用概况（见该书附录四）。

4. 增加名词术语注释

书中增加了大量少数民族医常用名词术语注释（正文内）和增补了17个少数民族医常用术语简释1 600余条（见该书附录五）。

5. 记载了台湾的特有品种

该书首次收载了我国台湾世居少数民族使用药物271种，其中不少品种为台湾所特有。

6. 引用了大量现代文献

辞典中千余篇现代文献的引用，一方面扩大了人口较少又无文字的少数民族所用药物范围；另一方面也拓展了少数民族药的多种研究范围，如资源、药材、成分、药理、临床等领域。

7. 便于信息查询

民族药品种信息查找方便迅速，能快速有效地进行相关民族、药用品种和效用三者间的比较。

《中国民族医药思想研究》
Research on the Ideology of Chinese National Medicine

洪宗国著，湖北科学技术出版社2016年出版，1册，389页。

文献价值：

该书为"中国少数民族医药资源发掘与保护研究丛书"项目的重要成果，该项目立足于民族医药的传承、保护与发展，是一个有利于民族医药发展和民族文化发展的工程。该书详细地对瑶医药、壮医药和土家医药等民族医药思想经验加以系统化、条理化、科学化，使其成为有规可循、较完整的思想理论体系。

文化和医药价值：

该书主要进行民族医药思想研究，讲述了中国民族医药的思想特点包括各民族医药思想系统化与比较研究，以及有代表性民族医药的特色思想，集民族医药思想之所长，紧紧围绕各种民族医药，力求理论整体优化，并且肯定了民族医药在传统医药中不可替代的地位。该书对民族医药思想的研究有独到之处，有助于民族医药工作者学习和借鉴。

《中国毒性民族药志》
Chinese Toxic Drug Ethnography

万定荣主编，科学出版社2016年出版，共2册，1 104页。

文献价值：

该书为国家中医药管理局民族医药文献整理项目资助成果。全体编者历时三年余，通过大量的文献查阅与整理研究共同编撰了这部书籍。《中国毒性民族药志》对我国有毒民族药及其资源的系统研究、开发推广、安全使用具有重要的参考价值。

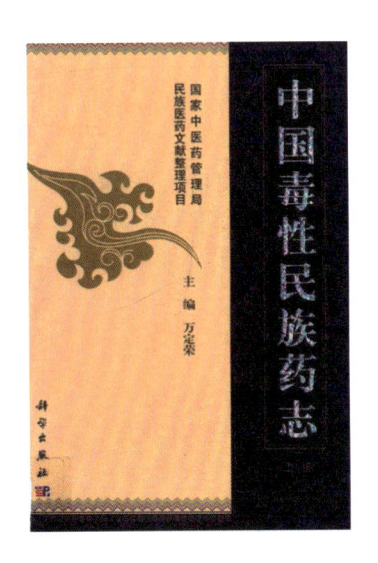

医药价值：

1. 收集的有毒药物广泛

该书收载了我国40余个少数民族所使用的近900种有毒动、植、矿物药，介绍了各有毒民族药的名称、俗名、基源、原动植矿物形态及生境分布、炮制减毒方法、各民族药用经验、使用注意、中毒症状与解救措施、药材鉴定方法（性状、显微特征、理化鉴别、薄层色谱）、化学成分或毒性成分、药理作用、毒性毒理，以及有关需说明的问题。

2. 编排合理，易于查阅

该书正文分有毒动、植、矿物3部分，按基源拉丁学名首字英文字母顺序排列，以利于查阅及相关内容的比较。化学成分、药理毒理等各项内容尽可能查阅和引用国内外最新研究成果。该书适于民族医药和中医药的教学、科研、医疗机构以及民族药的质量检验、管理部门和药品生产经营企业等机构及人员参考。

《黔本草》

Herbal Medicine of Guizhou

汪毅主编，《黔本草》拟分5卷出版，现已出版第一卷、第二卷和第三卷，贵州科技出版社分别于2015年、2017年和2018年出版。

文献价值：

贵阳中医学院汪毅教授及其科研团队通过13年走遍贵州各地，深入苗乡侗寨，采访民间、民族医生百余人，并参考了《贵州草药》《贵阳民间常用中草药》《贵州省中药材、民族药材质量标准》《贵州植物志》《贵州中草药资源研究》，以及《中华人民共和国药典》《中华本草》《本草学》等数十种资料，拍摄药物图片数万张，反复精选，六易其稿，全套5卷，共收载"黔药"1 000种，精选图片5 000余张。

《黔本草》考证了"黔药"中药物的易混品种，并收载各民族应用"黔药"的用药经验及常用方剂等，是一部研究"黔药"不可多得的资料。

医药价值：

该书图文并茂，同一药物按中文药名、药材拉丁名和黔称、民族药名、来源、原植物、生境与分布、采收加工、药材性状、性味归经、功效与主治、民族用药经验、"汪按"等项目依次编写，尤其是其中的"汪按"将药物名称、药材标准、民间医及民族医的用药经验加以总结。《黔本草》对贵州境内的中药、民族药做了较完整的收集整理，其出版，为贵州地区本草的研究提供了重要的参考资料，对研究西南地区中药及民族药将产生积极的推动作用，对临床中医药工作者、中西医结合工作者、民族医药工作者都是一部极好的参考书。

《湘西药用植物资源开发与可持续利用》

Exploitation and Sustainable Utilization of
Medicinal Plant Resources in Western Hunan

陈功锡、廖文波、熊利芝、张永康等编著，西南交通大学出版社2015年出版，1册，261页。

文献价值：

该书系作者对湘西药用植物资源长期以来研究工作的系统总结和理论升华，也是对2009—2010年期间由中山大学牵头、吉首大学参加的"湘西州健康产业规划"项目后续工作的延伸和扩展，同时也是植物资源保护与利用湖南省高校重点实验室"湘西药用植物资源研究"的系列著作之一。纵观全书，其选题定位精确、内容丰富，资料翔实、科学可靠，论证有力、重点突出，达到了学术性与实用性、综合性与前瞻性的统一，这在我国区域性药用植物资源研究著作中是难能可贵的。

医药价值：

该书以植物资源开发利用为主题，分七章全面论述了影响湘西药用植物资源及产业发展的各种自然条件，湘西药用植物资源的种质、功效、药材、格局特点及生产概况，药用植物主要活性成分、功能与分布，湘西药用植物资源开发的现状、前景、对策、方法与主要途径，药用植物基地建设中的环境、栽培要求以及适应性栽培区划，药用植物资源调查评价、保护和持续利用模式，并以杜仲、黄花蒿、栝楼为例阐述了适应产业化开发的综合利用思路和技术体系。

该书主要供湘西各地政府部门、企业等了解本地资源在选择题材决策时参考，也可供从事药用植物资源开发利用的教学、科研和生产的人员学习和参考。

《民族医特色诊疗技术规范》

Technical Specifications for Diagnosis and Treatment of Ethnic Medicine

滕红丽、韦英才主编，中国医药科技出版社2015年出版，1册，280页。

文献价值：

该书是国家科技支撑计划课题《壮医药线点灸、瑶医挑针疗法等民族医特色诊疗关键技术及应用研究》的成果之一，课题组通过对壮、瑶、土家、朝鲜、苗、畲、侗等民族医特色诊疗关键技术及应用研究，结合临床实践及科学实验，同时融汇近年来民族医学及其相关学科领域的新理论、新技术、新方法和新成果编撰而成此书。该书可为民族医药诊疗技术的传承和创新提供有价值的参考。

医药价值：

该书主要由民族医药导论、民族医特色诊疗技术概论、民族医药的形成及发展、民族医特色诊疗技术规范、民族医特色诊疗技术的临床应用等组成。共收录民族医特色诊疗技术规范24个，相关插图近100幅，总字数约22万字。该书对民族医工作者，相关民族医科研、教学、医疗等部门，以及传统医学从业和研究人员均具有一定的参考意义，有利于发展民族医药。

《张家界地区常用民族药物》
Commonly Used Ethnic Medicines in Zhangjiajie

黄惠勇、李路丹主编，湖南科学技术出版社2014年出版，1册，252页。

文献价值：

该书是国家中医药管理局公共卫生资金资助的"张家界地区常用民族药物的挖掘整理"专项研究所获得的成果之一，该项目内容是对原生态民族特色和原生态地域特色的张家界地区民族医药资源研究。经过课题组成员3年多的艰辛努力，完成了课题研究，并将其主要成果编著成此书。该书详细介绍张家界土家药物的采集、加工、炮制、真伪鉴别、验方单方等，内容丰富，每种药材配有相应的彩照，是一本地域性很强的土家医药图书。

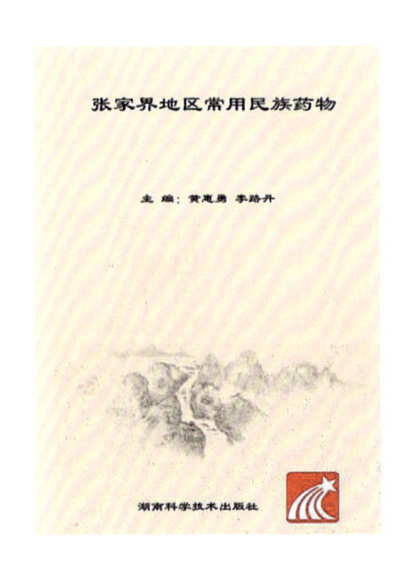

医药价值：

该书分为四章，分别为张家界地区土家族药学理论体系、张家界地区药物资源概括、土家族药物采集、加工和炮制、张家界常用民族药物。该书按土家族药物学理论体系，对张家界地区药物资源概括，药物的采集、加工炮制、分类及功能主治等进行了介绍。该书的出版可为张家界地区民族药物的保护与开发的科学化、规范化，进一步挖掘该地区民族药物的潜在价值提供参考。

《中国民族医药特色诊疗技术年鉴》（2013卷）

Yearbook of Diagnosis and Treatment Technology with Characteristics of Chinese Ethnic Medicine（2013）

朱嵘主编，中国中医药出版社2014年出版，1册，496页。

文献价值：

该年鉴由中国民族医药学会教育研究分会组织撰写，编辑成集收藏、宣传、实用于一体的史料性文献，该书的编辑、成功出版对宣传和传承民族医药文化起着重要的作用。

医药价值：

该书上篇主要介绍全国具有临床疗效的民族医药特色诊疗技术，包括特技传人、特色诊疗技术等。下篇主要对全国遴选的各类民族医药具有学术价值的临床经验、学术观点、科研成果等分类入编，包括各家学说、临床集萃、科研成果、优秀论文等。附篇为"民族医学诊疗机构"，主要介绍全国具有一定知名度和特色的诊疗机构，包括机构概况、特色专科、知名专家等。全书内容丰富，对民族医药进行了较系统的总结，所介绍的民族医药的各种诊疗技术对于临床具有较好的指导作用，是一本兼具文献资料价值和临床指导价值的工具书和参考书。该书可供民族医疗、教学、科研和相关人员学习、参考。

《民族医药名老专家成才之路》

The Road to Success of Famous and Veteran Experts in Ethnic Medicine

黄福开主编，中国中医药出版社2014年出版，1册，135页。

文献价值：

《民族医药名老专家成才之路》一书属于"民族名老专家医技医术的抢救性传承研究"课题成果之一，该课题是国家首次立项资助的民族医药名老专家传承研究项目，由中国藏学研究中心北京藏医院承担，参加单位有西藏、宁夏等11个省、区的17个民族医药机构。

该书对9个民族20位名老专家的医技医术开展了系统研究。研究内容包括诊疗技术、临床经验、优势评价、传承现状与对策四个方面。课题组在对20位民族医药名老专家的学习工作经历、学术思想、医疗特色、科研成果、职业道德情操等方面做了系统总结后形成此书。该书对民族医生医疗技术的提高和民族医生的培养模式都具有较好的借鉴作用。

文化和医药价值：

该书精选了20位来自9个民族的民族医药专家，讲述其成才之路，其中不乏国医大师、藏医活佛、傣族民间医生等求医生涯中有传奇经历的医生，让读者读之思之，在成为名医的成长之路上，受益无穷。对每位专家成才之路的总结，使民族名老专家的经验传承工作更加鲜活，丰富了民族医药的历史文化，树立了民族医药发展的信心，可令后学者学有所宗，民族医学事业代有人才出。

《2014中国民族医药大会论文集》

Collection of 2014 China National Medicine Conference

中国民族医药学会2014年出版，1册，497页。

医药价值：

该论文集是在"2014中国民族医药大会"召开的基础上整理汇编。2014中国民族医药大会于2014年11月23—25日在重庆市召开，此次会议由中国民族医药学会主办，旨在促进民族医药的学术交流，加快民族医药事业的发展步伐。会议以"基础、推广、提高"为主题，荟萃了我国民族医药首届科学技术奖、终身成就奖、突出贡献奖、学术著作奖等4个奖项表彰颁发，全国民族医药科技成果突出专家代表专题学术报告，中国民族医药学会2014年理事会等多项内容。

该论文集共汇编学术论文143篇，包括基础理论、临床技术、药物应用相关论文等；涉及藏、蒙古、维吾尔、土家、苗、回族等众多少数民族医药方面的相关研究。该论文集对宣传、传承民族医药文化起到一定的促进作用。

《民族医药名老专家典型医案集》
Typical Medical Cases of Famous and Veteran Experts in Ethnic Medicine

黄福开主编，中国中医药出版社2013年出版，1册，452页。

文献价值：

《民族医药名老专家典型医案集》项目属于"民族名老专家医技医术的抢救性传承研究"课题成果之一，该课题是国家首次立项资助的民族医药名老专家传承研究项目，由中国藏学研究中心北京藏医院承担，参加单位有西藏、宁夏等11个省、区17个民族医药机构。历时3年，对9个民族20位名老专家的医技医术开展了系统研究，研究内容包括诊疗技术、临床经验、优势评价和传承现状及对策四个方面。

医药价值：

该书为汇集当代全国民族医药界最顶级名老专家从医经验的传承集萃之作。在对来自9个民族的20位名老民族专家2 000多份医案充分整理的基础上，进一步精选编辑完成，充分反映了这些专家们的临床学术思想与治疗特色，是各位专家毕生临床实践的经验结晶，为广大民族医药工作者提供了第一手研究资料，弥足珍贵。《民族医药名老专家典型医案集》中首次公开了20位名老专家的典型医案和珍秘处方，为促进民族医药思想的研究和药物开发提供了有价值的材料。

《病有所医的回望——贵州民族医药卫生事业发展历程》

Looking Back on the Cure
——Development of National Medicine and Health in Guizhou

谭厚锋编著，电子科技大学出版社2011年出版，1册，153页。贵州民族事务委员会与贵州民族学院在2005年共同组建的贵州民族科学研究院，对中国共产党民族理论在贵州的实践这一重大课题展开研究，组织了众多专家学者，从区域自治、人口政策、经济工作、民族工作、民族语言文字、宗教、民族文化、民族教育、民族传统体育、民族医药卫生等十个方面多角度、宽领域讨论了不同时期党的民族理论与政策在指导贵州革命与建设的利与弊、得与失。该书内容具体包括贵州省的基本情况介绍，贵州民族自治州、民族自治县医药卫生发展历程，贵州世居民族医药概述，贵州民族资源调查与研究，贵州民族医药教育以及贵州民族资源的开发与利用。以此歌颂了党的民族理论与民族政策对贵州经济社会与医药卫生事业发展的正确引导和各民族共同团结奋斗、共同繁荣发展对贵州民族医药卫生事业的强大推动作用。

《中国少数民族有毒药物研究与应用》

Research and Application of Poisonous Drugs of Chinese Minority Nationalities

李志勇编著,中央民族大学出版社2011年出版,1册,395页。

文献价值:

该书是在教育部"长江学者和创新团队发展计划"项目支持下,编者通过收集、整理、挖掘和评价少数民族地区使用有毒药物的历史、方法、经验等的基础上完成的。该书对我国少数民族传统医学中有毒药物的认识与应用进行了系统性概述与归纳,使读者能对少数民族有毒药物有一个清晰的了解与认识;对散落于各类民族医药书籍、文献中的有毒药物,按照不同民族分别进行整理、归纳,注意凸显药物的民族应用经验、现代研究及毒性毒理信息。该书针对少数民族有毒药物的应用特色,借鉴现代毒理学和中药毒理研究技术手段,提出民族药毒理学的研究思路与方法。该书可供从事民族医药研究的科研工作者阅读参考,也可作为相关专业的研究生、本科生的教学参考书。

医药价值:

1. 收集、整理民族药有毒药物的系统理论

该书由上、下两篇组成,上篇主要介绍了我国民族药的应用与研究现状、少数民族有毒药物应用与毒性反应、中药及民族不良反应的预测与监控、毒理学基础、药物毒性评价方法等内容。

2. 收集了大量的少数民族有毒药物

该书下篇介绍了我国白族、布依族、朝鲜族、傣族、侗族、鄂伦春族、仡佬族、哈尼族、回族、基诺族、拉祜族、黎族、彝族、藏族、壮族、东乡族、哈萨克族、仫佬族、普米族、羌族、水族等近30个少数民族使用的有毒药物400余种，每味民族药根据文献资料、现代研究分别列出药物的民族药名、别名、来源、民族用药经验（药性、功效主治、用法用量、炮制方法）及现代研究（化学成分、药理作用）、毒性毒理（实验毒理、不良反应、用药注意）等内容。

3. 促进了少数民族有毒药物的研究和开发

该书是编者对少数民族传统医药理论和经验之下的药物毒性进行科学阐释的最终成果，有利于推进民族有毒药物的合理应用与开发，有利于民族医药防治疾病的有效方药的发掘，是对民族医药的继承与创新。

《论民族医药医学类型和表达范式的比较研究》

A Comparative Study on the Types and Expression Patterns of Ethnic Medicine

梁峻著,中医古籍出版社2011年出版,1册,444页。

文献价值:

作者在自己工作、学术积淀的基础上,广泛收集民族医药资料,深入调研,以《论民族医药》为题,运用史学、人类学、社会学等方法,以藏蒙傣佛教医药文化圈等七个文化圈的研究为切入点,宏观纲领性地思辨出民族医药的大致类型,同时对各个类型的表达方式进行比较,区别异同,深入浅出地梳理中国境内各民族医药发展脉络,整理汇编成书。该书的出版对于全面了解我国民族医药的发展形式和现状具有参考作用。

文化和医药价值:

该书根据初步梳理出的民族谱系以及各民族宗教信仰、地域文化、医药知识传统等的相关和相似性,将民族医药初步分成藏蒙傣佛教医药文化圈、维回哈伊斯兰教医药文化圈、百越医药文化圈、朝鲜医药文化圈、苗族医药文化圈、羌彝土家医药文化圈、通古斯医药文化圈等七个文化圈加以讨论。在宏观上从多个新的视角审视和把握各民族医药的同异及其联系,从而对各民族医药卫生知识类型体系及表达范式进行比较研究,对从事中医药民族医药工作的学者有一定的参考作用。

《贵州省中药及民族药材质量标准原植（动）物彩色图鉴》

Quality Standard of Traditional Chinese Medicine and Ethnic Medicinal Materials in Guizhou Province: Color Illustrations of Original Plants （Animals） Volume

鲍家科主编，该图鉴共分为上、下两册，上册由贵州科技出版社2009年出版，503页；下册由贵州科技出版社2014年出版，420页。

文献价值：

《贵州省中药及民族药材质量标准原植（动）物彩色图鉴》是在对《贵州省中药材、民族药材质量标准》（2003年版）一书中记载药材品种进行多年野外实地考察研究，拍摄大量实物照片的基础上编撰而成，有助于更好地执行地方药材标准，对推进贵州省药材标准的规范化具有重要意义。

医药价值：

上册共收载235个品种近600幅彩色照片，下册共收载165个品种500余幅彩色照片，既反映其原植（动）物全貌与生态，又有鲜明的部位特征的特写。文字部分对每一品种的规范性的名称、来源、形态特征、生境与分布、功能主治等各项进行了论述。书后附有中文正名与俗名、汉语拼音名和拉丁名索引，方便读者查阅。该书的出版能更好地指导贵州中药、民族药材的使用，可供民族药品生产企业、医疗机构以及相关科研人员参考。

《湖南民族医学史》

History of Ethnic Medicine in Hunan

田华咏、滕建卓、田莳编著，中医古籍出版社2009年出版，1册，301页。该书是作者在科研课题相关成果材料的基础上历时4年之久编著而成的。

文献价值：

该书是2004年湖南省中医管理局科研项目"湖南省民族医药发展史研究"的结晶之一，作者经过3年广泛调查，多方收集资料和系统整理研究而成。该书共十章，25万字左右。各章分别介绍了湖南少数民族概况、湖南土家族医药发展史、湖南苗族医药发展史、湖南侗族医药发展史、湖南瑶族医药发展史、湖南白族医药发展史、湖南民族药资源、湖南省民族医药研究成果、湖南省民族医学学术团体及学术交流、湖南省民族医药历史人物等。该书是一本全面记录湖南民族医药的发展历史和现状的专著。

文化和医药价值：

该书全面收集和系统整理了湖南少数民族医药发展历史和现状，介绍了主要代表性人物，分析了土家族、苗族、侗族、瑶族、白族等特色的民族医药文化及其主要特点，有利于湖南民族医药的传承和发展，对于国家民族医药文化的发展等具有重大意义。

《黔东南苗族侗族自治州中医民族医医生名录》（第一集）

Doctor of Traditional Chinese Medicine and Ethnic Medicine in Southeast Guizhou（No.1）

黔东南苗族侗族自治州卫生局、黔东南苗族侗族自治州医学会、黔东南苗族侗族自治州民族医药研究所主编。贵州科技出版社2008年出版，1册，235页。该书是对黔东南苗族土家族自治州的民族医药进行挖掘、整理编写而成的。

文献价值：

1983年，黔东南苗族侗族自治州由州民族事务委员会、州科学技术协会和州卫生局联合组织调查队，对全州16个县市的民族医药进行了较深入广泛的调查和较系统的整理研究。该书上篇主要介绍64位具有特色的中医、民族医医生的生平简介、技术专长等，包括姓名、照片、人物简介、专病专长、单位、职务职称、地址、邮编、电话九个部分。下篇主要介绍他们的学术论文，包括独特诊疗技法、秘方验方、论文心得等共32篇。该书可为从事黔东南苗族侗族自治州民族医药研究以及对民族医药感兴趣的人提供参考。

文化和医药价值：

该书记录了黔东南苗族侗族自治州民族民间医生的医疗基本状况，并收载了他们特色专长的医疗方法，对传承民族医药文化和挖掘黔东南苗族侗族自治州民族医药资源，可提供帮助和参考。

注：

该书未对各苗、侗医生对苗、侗医学基本理论的认识及体会进行较详细叙述。

《中国少数民族非物质文化遗产教程》
The Course of Intangible Cultural Heritage of Ethnic Minorities in China

贾银忠主编，民族出版社2008年出版，1册，386页。

文献价值：

该书为高等院校教材，本教材在编写过程中，运用多学科理论交叉的研究方法，系统、全面地探讨和研究了中国少数民族非物质文化遗产近年来的生存、抢救和保护现状，对中国少数民族非物质文化遗产进行了界定、分类，还对中国少数民族非物质文化遗产的内涵、范畴、基本特征、形成、价值、整理进行了论述和划分。该书是一本全面了解少数民族非物质文化遗产的大学生人文社会科学通用教材，对增强民族医药的保护和传承有一定的参考价值。

文化和医药价值：

该书涉及中国少数民族医药文化遗产，对中国少数民族医药的现状、目前取得的成果进行了论述，根据少数民族非物质文化遗产所面临的生存现状和自身特点提出了具体的抢救内容与方法，特别是在少数民族的语言、文字、酒道文化、医药文化、经济民俗等方面做出了深入的论述和讲解，指出民族医药文化的濒危状况比例失衡，应引起重视，需进一步地整理、发展和传承。

《中国水族医药宝典》
Chinese Shui Nationality Medicine Bible

中共三都水族自治县委员会、三都水族自治县人民政府和贵州省民族事务委员会编，贵州民族出版社2007年出版，1册，583页。《中国水族医药宝典》是水族人民在长期生产和生活实践中与疾病作斗争的经验总结和智慧结晶。它具有鲜明的民族性和地方性，同时水族医药也是中华民族医药宝库中不可缺少的组成部分。

文献价值：

2006年初，中共三都水族自治县委员会、三都水族自治县人民政府投入了大量人力、物力、财力，由三都水族自治县民族宗教事务局组织中草医专家对全县中草药进行了全面的普查、采集，通过系统的筛选和科学鉴定，收集、整理和编辑了216科1 068种水族药物标本，并附彩色图集，同时总结医治各种疾病配方200多种。书中对每种药物都注有药物名称（国际音标、水语语音）、异名、来源、药物形态、生长习性、性味、功用、主治、用法、用量、采集地点等文字说明，对药种的原生态全用彩照编辑制版，生动翔实，为水族医药的传承和开发利用提供了重要参考。

文化和医药价值：

《中国水族医药宝典》一书内容丰富，揭示了水族医药对水族人民千百年来能够繁衍、发展所起的重要作用，展示了水族医药发掘、整理的美好前景，是水族医药史上的一个里程碑，对提高保护研究水族医药，不断完善水族医药体系，促进水族医药的发展，促进贫困地区脱贫致富都会产生积极的作用。

《贵州中草药资源研究》

Study on Chinese Herbal Medicine Resources in Guizhou

何顺志、徐文芬主编，贵州科技出版社2007年出版，1册，920页。《贵州中草药资源研究》一书是2003年贵州省中药现代化科技产业研究开发专项重大项目"贵州中药资源种类、分布的修订与增补研究"以及1999年贵阳市重点科技计划项目"贵阳市中草药资源调查及《贵阳市中草药资源》的编研"等科研项目的成果之一。《贵州中草药资源研究》是在对贵州省中草药资源进行野外实地考察研究的基础上编写的，是一部系统而全面地介绍贵州省中草药资源的专著。

文献价值：

该书内容丰富，资料翔实，图文并茂，是在1987年贵州省中药资源普查的基础上，将近20年来野外实地调查研究所得的大量第一手资料进行了分析整理、综合与评价，对产藏量较小的珍稀濒危或贵州省特有的药用植物等进行了评述，是一部具有创见性的专著，既有科学性和实用性，又有创新性，是目前较全面地论述贵州省中草药资源及其开发利用的参考书。

该书可供从事中医中药科研、教学、生产、经营、临床、药检、自然保护及资源调查等人员参考，并可为党政领导决策服务。

医药价值：

1. 收集的中草药资源品种多，内容丰富

该书收载了贵州现有的4 802种中草药资源，并对其中的4 419种药用植物、

301种药用动物、82种药用矿物的品种来源、生境及分布、药用部位、采收加工、化学成分、功能与主治、品种收载和应用级别分类及产藏量等内容进行了论述。附录载有中文名索引、拉丁学名索引及500余种主要药用植物、动物、矿物的彩色照片等内容。

2. 研究成果丰硕，对推动贵州省中药现代化等有重要的指导意义

该项目研究成果在国内同类研究中具有先进示范作用，填补了贵州植物及药用资源的空白，在植物分类和药用植物资源学等学科领域有重要意义。《贵州中草药资源研究》真实地反映了贵州省中草药资源优势，对于介绍贵州、宣传贵州、合理开发利用与保护贵州的中草药资源，建立中药材GAP基地，推动贵州省中药现代化，变资源优势为经济优势，实现将中药产业作为贵州省支柱产业的目标，都具有重要现实意义与深远历史意义。

《毛南族医药》
Maonan Nationality Medicine

孙济平主编，贵州民族出版社2006年出版，1册，481页。

文献价值：

贵阳中医学院、贵州省中医药研究院民族医药研究所的科技工作者，不辞劳苦，多次深入到贵州省和广西壮族自治区毛南族同胞集聚的地区，进行调查研究工作。该书通过对毛南族医药的抢救性发掘整理，不仅可给从事民族医药研究的科技工作者提供资料，还可为民族医药的研究与开发提供有益的参考。

文化和医药价值：

编者在广泛调研的基础上，对毛南族医药的历史和现况进行了挖掘和整理。编者通过多年的艰辛努力，获取了大量内容翔实、丰富多彩的民间原始资料，并进行了系统、科学的整理、筛选和研究，去粗取精，在此基础上，编辑和出版了《毛南族医药》这本专著。全书分为医史、医药基础理论和治疗方法、药物、单验方四个部分。这项工作具有原创性和开拓性，它填补了毛南族医药研究的空白，同时也丰富和发展了祖国的传统医药。

《中国民族医药散论》

Some Comments on Chinese Ethnic Medicine

诸国本著，中国医药科技出版社2006年出版，1册，524页。

文献价值：

《中国民族医药散论》是作者工作近十年来的一份工作记录。该书通篇围绕着民族医药这一中心展开，记录与此相关的感悟及工作内容。该书中关于民族医药的许多观点，都是由作者首次提出，对中国民族医药的继承和发展有一定的参考价值。

医药价值：

该书对民族医学的概念、内涵、与中医学的联系和区别做了明确阐述。书中对民族医学的历史、现状和当前存在的问题做了具体分析，并提出了相应的发展方略和意见，在广泛的层面上涉及藏、蒙古、维吾尔、傣、壮、苗、瑶、彝、侗、土家、朝鲜、回、畲等民族传统医学的发掘、整理、利用等问题。

《贵阳市中草药资源》

Resources of Chinese Herbal Medicine in Guiyang

何顺志主编，贵州科技出版社2005年出版，1册，376页。

文献价值：

该书是贵阳中医学院、贵州省中医药研究院中药研究所主持并组织人员，在历时5年6个月对贵阳市六区三县一市的中草药资源进行田野调查研究的基础上编写而成，是一部既有科学性和实用性，又有创新性的、目前较全面系统论述贵阳市中草药资源及其开发利用的真实、可靠、有实用价值的文献资料。

编者历时数载，对贵阳的高坡、息烽的西山、修文的猫跳河谷、清镇的凹河、开阳的南江峡谷等重点地区及100余个地点进行了中草药资源的重点调查，野外考察研究的结果弥补了《贵州中药资源》（1992年版）和《贵州中草药名录》（1988年版）的不足，并修订了其中的物种鉴定和地理分布等方面的错误。该书对于贵阳市发展中药产业的决策、推动贵阳市中药现代化变资源优势为经济优势，实现将中药产业作为贵阳市支柱产业的目标，都具有重要的意义。

医药价值：

该书分为总论、各论、附录3个部分。总论论述了贵阳市的自然资源、中草药资源现状及开发利用发展规划等；各论收载了贵阳市中草药资源，附录载有贵阳市珍稀濒危、特有药物、药用新资源目录等。

1. 贵阳市中草药资源现状

编者等人采集并制作药用植物腊叶标本2 000多份；确认贵阳市现有中草

资源1 993种，其中药用植物1 792种、药用动物173种、药用矿物28种；明确产藏量较小的，或珍稀濒危的，或贵阳市特有的品种；发现贵州省药用新资源167种、贵阳市药用新资源204种，新增补贵阳市中草药资源785种。

2. 民间用药种类区分

该书按国家（国标、部标、省标）法定种类、应用范围较广的《神农本草经》《新华本草纲要》等收载的种类为所记载的民间用药种类做了区分，首次对贵阳市中草药资源品种疗效的可靠性进行了分类分析。

3. 对1992年版《贵州中药资源》收载品种的考证与修订

对1992年版的《贵州中药资源》收载的4 290种中贵阳市（包括三县一市）有产的品种的物种、中文名、拉丁学名、地理分布、功效等进行了全面考证与修订，发现其收载的贵阳市有产的种类中33种贵州省不产，424种贵阳市不产，拉丁异名97个，拉丁学名错误9个。

4. 品种量化

书中对贵阳市部分主要中药品种进行了初步量化，并提出了保护和开发利用的具体措施。

该书为从事中药、民族药的科研、教学、生产、经营、临床、药检、自然保护及资源调查等人员提供了翔实而丰富的参考资料，是一部目前较全面、系统论述贵阳市中草药资源及其开发利用的真实、可靠、有实用价值的文献资料。

《湖南民族医药发展史》

Development History of Hunan Ethnic Medicine

邓星煌、罗康隆主编，光明日报出版社2005年出版，1册，179页。

文献价值：

该书为湖南地方文史志鉴丛书之一，该丛书共9册，此为其中一册，书中对湖南民族地区医药的发展过程进行了较为详细的介绍。其余8册分别为《怀化学校志》《怀化民居发展史》《崛起中的南方肉牛业》《湖南长株潭经济一体化的由来和发展史》《怀化民间文艺发展史》《杂交水稻发源地》《荆坪古村》和《楚越古通道发展史》。《湖南民族医药发展史》一书向读者展示了湖南省丰富的民族医药文化，对增强民族自信，提升民族医药的研究价值起到了重要作用。

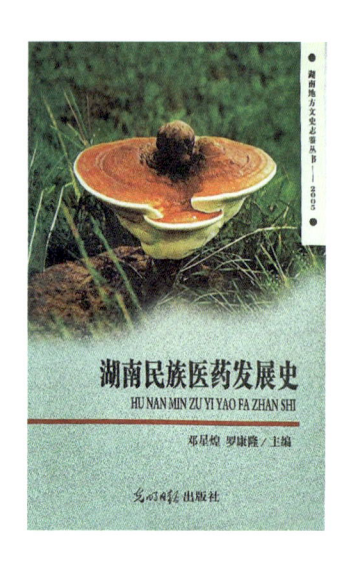

文化和医药价值：

该书首先对湖南世代居住的少数民族进行了介绍，包括土家族、苗族、侗族、瑶族、白族、回族、壮族及维吾尔族共8个民族，从文化艺术、风俗习惯、宗教信仰和禁忌4个方面展开全面介绍；其次概述了土家族、苗族、侗族、瑶族和回族的医药发展历程，内容丰富、资料翔实；最后对民族医药事业及部分民族名医进行介绍，推崇发展民族医药，造福人类。该书可供中医药院校相关专业学生、对民族药物有兴趣爱好的读者参考使用。

《湖南世居少数民族医药宝典》
Treasure Book of Medicine of Ethnic Minorities Living in Hunan for Generations

邓星煌、萧成纹、刘逢吉、罗康隆主编，光明日报出版社2005年出版，1册，823页。

文献价值：

该书由邓星煌等13位民族医药研究者锲而不舍地在近30年时间里，对湖南世居少数民族医药挖掘整理研究，共同完成这本具有继承性、开发性和地区特色的民族医药专著。文中收集了许多宝贵的田野资料和古籍文献记载，充分展示了湖南世居少数民族的民族医药历史起源、形成与发展状况，是一本有利于民族医药继承和发展的不可多得的民族医药著作。

医药价值：

1. 比较全面、系统地介绍了湖南世居少数民族地区丰富的医药资源

该书选择了湖南8个世居少数民族，包括土家族、苗族、侗族、瑶族、白族、回族、壮族及维吾尔族，对各个民族的简史，民族医药的起源、形成与发展，各民族医药的基本理论、医药特点，常用药物及其长期在临床应用的单验方药等做了详尽论述。

2. 比较全面、系统地介绍了湖南世居少数民族地区的民族医疗机构

该书用3个篇章对湖南民族医药科研机构、民族医药医疗单位和民族医药学术团体，按机构建设、科研医疗方向、科研医疗专长、科技成果以及今后开发研究的思路等逐一进行了介绍。

3. 比较全面、系统地介绍了湖南世居少数民族地区著名的少数民族医师和汉族医师

该书在第五章中，对湖南各地著名的119位民族民间医药人员做了简介，包

括名医传略，民族医药专家名医，以及从事民族民间医药研究、临床实践的专家、医师和民间医生。书中介绍湖南当今民族医药专家和名医时，展现了这些老前辈们对民族医药的热爱，对民族医药的发掘、整理、研究、继承和弘扬发展等方面执着探索的热情，并介绍了每位专家和名医的医药技术专长、科研成果等业绩。

4. 内容丰富，具有地区医药文化特色

该书全面、系统地介绍了湖南土家族等8个世居少数民族的传统医药和传统文化，特别是其中收集了很多宝贵的田野调查资料和古籍文献记载，是富有民族性、科技性和实用性的一部专著，是从事民族医药工作者一本不可多得的工具书和民族医药教育难得的参考书，对研究湖南的民族医药具有引领入门的作用。

《中国民族药志要》

Chinese National Pharmacopoeia

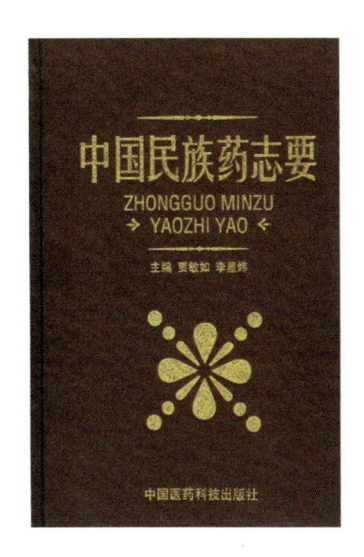

贾敏如、李星炜主编，中国医药科技出版社2005年出版，1册，857页。

文献价值：

该书收集和引用2001年前已出版的各少数民族著作53部，2004年前公开发表的民族用药的学术文章209篇，是一部介绍除汉族外的各少数民族所使用传统药物概括性的工具书。

医药价值：

该书共涉及用药民族44个，收载药物总数5 500余种，书中体例包括每味药的拉丁学名、中文名（科名）、民族药名、不同药用部位及主要治疗的疾病、文献来源等。该书的特点是：

1. 以拉丁名为主导排序

以物种的拉丁学名统一了一种药物在几十个民族中使用情况；同科属名排在一起有助于功效的归并与新疗效的学习和推广；有助于各民族间的学习交流。

2. 功效与现代研究内容结合

引文中虽以民族药品种和功效为主，但不少药有较深入的生药学和化学成分研究的内容；用物种的拉丁学名排序，不需要拉丁目录直接查找。也可直接查找附录中的中文名和民族药名。

该书是一部民族用药的工具书，适用于与民族工作有关的科研、教学、生产、检验技术人员、民族医药工作者参考。同时，对传统药的学习交流（不少民族药直接来自国外）和新药的研究开发均有帮助。

《湖南药物志》
Pharmacopoeia of Hunan

蔡光先总主编。全套书共分7卷，由湖南科学技术出版社陆续出版，曾获首届中国出版政府奖图书奖。

文献价值：

该书全面、系统地整理了湖南省的中药资源，总结近40年来湖南本草学的发展情况，是湖南本草学一次比较完整的总结，也是一本较完善、全面和有地方特色的地方药物志。

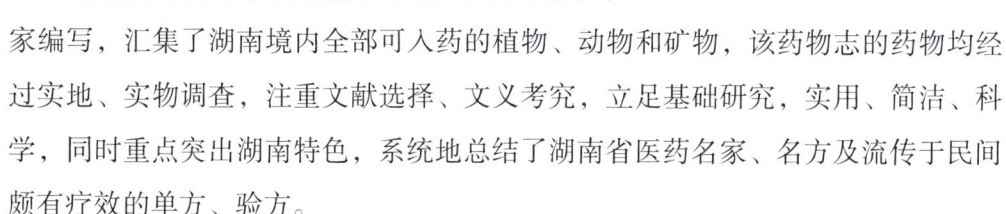

《湖南药物志》由湖南省全省的中医药界专家编写，汇集了湖南境内全部可入药的植物、动物和矿物，该药物志的药物均经过实地、实物调查，注重文献选择、文义考究，立足基础研究，实用、简洁、科学，同时重点突出湖南特色，系统地总结了湖南省医药名家、名方及流传于民间颇有疗效的单方、验方。

医药价值：

1. 药物收集广泛

该书收集药物近5 000味，基本收集了湖南境内全部植物、动物和矿物药，比较全面、系统地介绍了这些药物的生长环境和分布、采集加工、鉴别和性味归经、功能主治和临床应用。

2. 内容丰富，数据翔实

该书绘图3 200多幅，共计880余万字，比较客观地介绍了近现代对这些药物的研究成果；系统介绍了近现代湘医对这些药物的认识、见解和真知灼见，为保护开发和合理利用湖南药物资源，为湖南的经济建设和可持续发展，提供了重

要科学依据。同时该书也是药学、医学、生物学、农业和经济植物等领域从事科研、开发、管理、教学、生产、信息等人员的重要工具书，具有很强的参考和指导意义。

《湘西药用植物概览》

Overview of Medicinal Plants in Western Hunan

谷中村、陈功锡、黄玉莲、张丽编著，青海人民出版社2004年出版，1册，378页。

文献价值：

《湘西药用植物概览》一书是在湖南省教育厅的科研项目资助下收集、整理和完成的，对涉及湘西药用植物的各种资料及标本进行了系统的整理，该书为此项目调查研究成果之一。该书也是吉首大学药学院的集体成果，全体教师和工作人员都参与了此项目，做出了贡献。该书是一本湘西地区重要的药用植物专著。

医药价值：

该书所覆盖的调查研究区域主要包括湘西土家族苗族自治州和张家界市两个行政区域，共包括12个县（市、区），面积共25 000余平方千米。该书共收集湘西野生和常见栽培药用的植物2 216种。全部植物在书中的排列科按恩格勒分类系统，属种按拉丁文字母顺序。它们分别隶属于198科898属。每种植物以中文名、拉丁名、中文别名、习性、产地、生境、药用部分、性味、功效、主治等项描述。该书为发掘和补充少数民族聚集地区的民族医药提供了重要参考，也可供湘西地方政府部门和社会各界了解本地资源以及从事湘西药用植物研究、产业开发等的技术人员参考。

《仡佬族医药》
Gelao Ethnic Medicinals

赵俊华、潘炉台、张景梅主编，贵州民族出版社2003年出版，1册，505页。

文献价值：

该书记载了在漫长的历史长河里，仡佬族人民在与自然和疾病作斗争的过程中，为了本民族生存繁衍和发展，经过长期的摸索、实践和积累，总结了行之有效的诊疗疾病的手段和方法，从而形成了具有本民族特色的医药理论，为仡佬族的生存和发展做出了极大的贡献。该书是较早收集、整理仡佬族医药理论和实践经验的著作，对仡佬族医药的传承和发展作出了贡献，可供民族医药工作者学习和参考。

医药价值：

1. 阐述了仡佬族医药的发展与现状

该书共分为五个部分，分别从仡佬族的医药史基础理论和治疗方法、单方验方选、药物部分等几方面阐述仡佬族医药的发展现状。

2. 药物与单验方的收集较为齐全

该书共收集常用药物200多种和单验方329个，仡佬族药名来源于黔中方言、黔中北方言、黔西南方言、黔西方言中的仡佬族对该药物的命名，并在仡佬文后注有近似汉译音；仡佬族药用经验所载方药，其剂量完全根据仡佬族医药人员用药经验所得；现代研究部分对所载药物的药化、药理、临床等研究方面进行了简述。

3. 内容丰富，便于检索

书后附药用动植物拉丁学名索引，中文名索引。为识别及用药方便，每一种药物列有原植物（或原动物）形态特征描述、生境分布、插图等，以供参考。全书既有生动丰富的民族著作特色，又富有深刻的医学哲理，对研究仡佬族医药具有较高的参考价值。

《布依族医药》
Buyi Ethnic Medicine

潘炉台、赵俊华、张景梅主编。贵州民族出版社2003年出版，1册，713页。该书对布依族医药进行了概述。书中内容丰富，叙述简明易懂，不仅给从事民族医药研究的科技工作者提供了资料，而且可为开发民族药的专业人员以及基层医院的民族医生提供有益的参考。全书分为四个部分：布依族医史、布依族医药的基础理论和治疗方法、药物、单验方。

文化和医药价值：

《布依族医药》专著填补了布依族历史文化的一项空白，改写了布依族医药无文字记载的历史，给祖国的传统医药添加了新的篇章。

《贵州省中药材、民族药材质量标准（2003年版）》

Quality Standard of Traditional Chinese Medicine and
Ethnic Medicine in Guizhou Province（2003）

贵州省药品监督管理局编，贵州科技出版社2003年出版，1册，542页。本质量标准是编者参照国家药品标准《中国药典》2000年版格式和要求，经过两年多的努力而编制完成，是对以往贵州省药材标准的全面修订，在保证药品质量方面发挥了重要的作用。

文献价值：

该标准共分正文、副篇、附录和索引四部分，共收载品种420种，其中分别包含续收载品种235种，新收载品种185种，附带收载制剂采用民族药材59种，民族药材212种。它对原《贵州省中药材质量标准》1988年版、《贵州省药品标准》1994年版中有明显错误的品种及质量标准提高的品种进行了全面修订。此次修订为贵州省的中药和民族药的研制、生产、经营、使用以及监督管理提供科学合理的依据。

医药价值：

该书对贵州省中药材、民族药材质量标准的补充和修订有利于中医药、民族医药事业的发展，为中药和民族药的研制、生产、经营、使用以及监督管理提供科学合理的依据，对贵州少数民族医药、中西医药等的临床、教学、科研等工作有重要的指导作用，对民族医药卫生事业的发展和进一步挖掘、整理、弘扬贵州省民族医药有现实意义。

《中国瑶药学》
Yao Ethnic Medicinals in China

覃迅云、罗金裕、高志刚主编,民族出版社2002年出版,1册,1 241页。作者及同行多年深入瑶乡,走村串寨,通过调查采访、实地考证,收集了大量的第一手瑶药资料,并加以整理,出版此书。该书是一部较系统论述瑶族药物学的专著,是第一部全面阐述瑶药药理、翔实记载瑶药品种的学术著作,也是瑶族用药理论研究中的一项重要成果。

文献价值:

该书分为总论和各论两部分。总论论述了瑶药发展简史,瑶药的资源与品种,瑶药的采收、加工、炮制、储存、制剂及有关瑶药用药理论和配方规律。各论共收集瑶药970余种,验方1 700余条。其中包括"老班药"(瑶族传统应用、效果好的药物)104种,其余为瑶族传统常用药,包括植物药、动物药、矿物药和其他药。该书是一本系统介绍瑶药的著作,可为瑶药的临床应用和开发利用提供参考。

文化和医药价值:

瑶族由于没有本民族的文字,也没有专门的典籍记载瑶族用药理论,因此瑶族医药的传承全凭父子或师徒口传心授,指症传经、指药传经。此书对瑶族的用药经验做了总结和提炼,初步形成了瑶药的用药理论以指导瑶药应用和发展,为瑶医药理论体系建设奠定了基础。

《恩施本草精选》

Herbal Selection of Enshi

方志先、朱诗立、谭宗艾、张思波编著，国际文化出版公司2002年出版，共2册，694页。

文献价值：

该书为"恩施州民族医药研究丛书"之一，丛书系列全6册，此为其中2册，该书较为详细地对恩施土家族苗族自治州出产药用植物进行整理概括，内容丰富，图文并茂，为一本实用的工具书。其余系列丛书还包括《恩施州名中医医案集（一、二）》和《医学精粹（上下）》4册。该书为一本地方性本草专著，可供从事该地区中药以及民族药的科研、教学等人员参考。

医药价值：

《恩施本草精选》收载恩施土家族苗族自治州出产的植物药320种，附墨线图319幅，其中上册收载162种，附墨线图161幅；下册收载158种，附墨线图158幅。该书中的药物按经修订的恩格勒系统排列顺序编排，每个药物按药名、别名、来源、本草考证、植物形态、生境与分布、采收加工、性味、功能主治、附注等顺序叙述。

该书完整呈现了恩施地区包括土家族药物在内的药材信息，为开发利用该地区中药、民族药资源提供了丰富的材料，同时也为该地区民间民族药物的传承发挥了较重要的作用。

《全国民族医药专科专病学术研讨会论文选编》

Selected Papers of the National Symposium on Ethnic Medicine Special Departments and Diseases

罗日泽主编，广西民族出版社2001年出版，1册，44.7万字。本论文选编是将"全国民族医药专科专病学术研讨会"收集到的学术论文筛选汇编而成。全国民族医药专科专病学术研讨会于2001年在广西北海召开，旨在促进民族医药的学术交流和加快民族医药事业的发展步伐。

医药价值：

本论文选编所收集的众多民族医药学术论文，主要包括藏医药、蒙医药、维医药、傣医药、壮医药、瑶医药以及其他少数民族医药等论文，还包括临床报道、经验总结和其他类的学术论文。该学术论文选编对传承、发展民族医药具有一定的推动作用。

《中国少数民族传统医药大系》
Collection of Chinese Minorities Medicine

奇玲、罗达尚主编，内蒙古科技出版社2000年出版，1册，1 446页。该书主要收录了35个少数民族的医药发展简史、医药理论、疾病分类、诊断与治疗、方药举例、药物资源等部分，是我国民族医药学的一项系统性基础研究成果。

文献价值：

该书是在相关省、自治区卫生行政领导的关怀与支持下，由西藏、青海、甘肃、宁夏、新疆、内蒙古、黑龙江、吉林、四川、云南、贵州、广西、广东、湖南、湖北、福建、北京等省、市、自治区的100余位从事民族医药教育、科研、临床的工作者及专家教授参与，他们收集了大量的医药典籍与有关资料，并且深入民族地区实地调查，掌握了大量研究成果与群众经验，综合分析，系统整理，历时7年编撰而成。

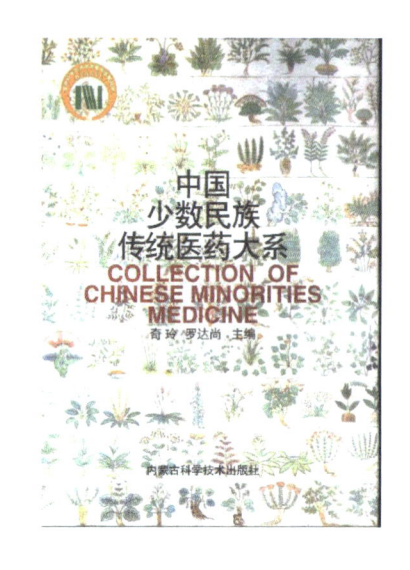

该书主要记载藏、蒙古、维吾尔、傣、壮、苗、彝、侗、朝鲜、土家、瑶、畲、水、拉祜、回、哈萨克、基诺、普米、佤、羌、土、裕固、东乡、景颇、布依、纳西、黎、白、毛南、仡佬、高山、锡伯、满、达斡尔、鄂伦春等35个少数民族的民族医药资料，在编著时既注意继承各民族的传统医药理论，保持民族特色，又注意与现代医药科学知识相结合。该书内容丰富，可供从事传统医药教学、科研、医疗工作者参考，且有收藏价值。

文化与医药价值：

该书是经过多年的研究调查整理而成，内容丰富。书中每个民族均记载了它们的医药发展简史、医药理论、疾病分类、诊断与治疗、方药举例、药物资源等，载药物项下包括名称、来源、分布、入药部分、性味功能、主治、用法用量等。该书既保留了各民族医药术语，又符合医药规范，是一部全面且具有民族特色的民族医药学专著。此外，书中还涉及部分少数民族的哲学、宗教、历史、文化等内容，对民族文化的研究也有一定的参考价值。该书是目前我国民族医药研究方面包括族别医药最多和较系统的专著，有较高的学术水平，能为从事民族医药研究的工作者提供极大的帮助。

《中国民族药炮制集成》

Chinese National Medicine Processing Integration

田华咏、瞿显友、熊鹏辉主编，中医古籍出版社2000年出版，1册，530页。

文献价值：

多年来人们对民族医药的收集整理，大多局限于民族医学理论和民族药的功用，对民族药炮制方面的整理和研究不够重视。民族药炮制也有着各自的民族特色，如蒙医炮制药材时多用牛奶、羊奶制等。该书收载各民族所用约1 100种药物的30多种炮制方法，可谓集各民族药炮制之大成。该书为中国民族药物炮制学专著，是一部有关民族药物炮制的开拓性集大成著作。一册在手，便可尽览各民族医药炮制方法之景色，使人能够相互借鉴，从中得到启发和参考。

医药价值：

1. 药物与炮制方法收集广泛

该书共收载蒙古、藏、维吾尔、傣、朝鲜、苗、土家、彝、壮、侗等各民族医所用约1 100种药物的30多种炮制方法，并分别详述每种药物的具体炮制方法、炮制作用及来源、性味、功用主治、贮存等。

2. 民族药与临床疗效相结合

中国民族药物有很好的临床疗效，在各民族中享有很高的信誉，深受各民族人民的喜爱。民族药炮制内容丰富、方法独特、科学适用，对保证和提高民族医的疗效有不可低估的作用，值得认真学习和深入研究。该书不仅适用于各民族医的医药人员，对广大中医药临床、科研、教学人员也有开拓视野、培益学识之用。

注：

书中没有将各种药材按民族归属，也没有对各民族炮制方法进行说明。

《全国第二届暨广西第五届民族医药学术交流会论文汇编》

The Second National and the Fifth
Guangxi Ethnic Medicine Academic Exchange Conference

广西民族医药协会、广西民族医药研究所、民族医药报社编,该次学术交流会组委会于2000年10月印刷出版,1册,350页。为进一步提高民族医药的学术水平,增加和扩大民族医药工作者之间的交流与合作,全国第二届暨广西第五届民族医药学会交流会于2000年10月18—19日在广西壮族自治区首府南宁市召开。本次会议由广西民族医药协会、广西民族医药研究所、民族医药报社联合主办,旨在促进民族医药的学术交流,加快民族医药事业的发展步伐。

医药价值:

本次会议共收到全国各地民族医药工作者、民族民间医生以及有关专家学者撰写的学术论文500多篇。经审定,从中选出300多篇汇成论文汇编,这些论文涉及的范围较广,大部分是关于民族医药的,也有关于中医中药的,其内容包括:医史研究、理论、管理、实验研究、临床报道、药物研究、民间疗法、经验、体会、临床护理和文献综述等各个方面。这些论文大多具有较高的学术水平和参考价值,反映了当时民族医药发展的水平,有利于促进民族医药的研究。

《瑶医传奇》
Legend of Yao Medicine

安德祥、常太昶编著，黑龙江人民出版社1998年出版，1册，270页。该书记录了瑶医世家出身的著名瑶医覃迅云的医疗思想和临床医疗经验等医疗方面相关内容。

文献价值：

该书共由八部分组成，分别为覃氏瑶医行医纪实、瑶医瑶药治红斑性狼疮报道、瑶医瑶药治癌见闻、来自扶贫和抗洪一线的报告、来自患者的新闻、瑶医覃迅云论瑶医瑶药克病原理、专家常存库谈瑶医覃迅云征服疑难病和附录。瑶医药经验是我国民族医药遗产的重要组成部分，经历千百年实践检验，其中包含了极其宝贵的特殊科学内涵，具有重大的实用价值。

文化和医药价值：

瑶医覃迅云能利用学得的知识技能对家传瑶医药经验进行有效的探索，使以往口手相传的经验获得准确的文字表述，使少为人知的有效方药得到科学揭示和升华，此举难能可贵。该书的撰写，弘扬了祖国传统医药宝库的丰富蕴藏，宣传了瑶医覃迅云继承和开创民族医药治疗新篇章的可贵精神，为广大患者架起一座通向健康大道的桥梁。

《水族医药》
Shui Nationality Medicine

贵州省民委文教处、贵州省中医管理局和贵州省中医研究所主编，贵州民族出版社1997年出版，1册。该书共分为四大部分：医史、基础理论和治疗方法、药物（共收集常用药物182种）、单验方选（收集单验方395个）。

文化和医药价值：

该书包括水族医药简史、水族医药基本理论和治疗方法、水族药物以及水族单验方选四个部分，较全面地反映了水族民族医药状况，填补了水族医药无文字记载的空白，对继承发掘民族文化，开发利用水族医药资源具有重要意义。

《中国传统医学大系·传统疗法大成》
Great Traditional Therapy Achievements in Traditional Chinese Medicine

阎洪臣主编，长春出版社1995年出版，1册，1 356页。

文献价值：

"中国传统医学大系"丛书由全国近百名中医药学者共同编写完成，该丛书共分四册，分别为《传统疗法大成》《性养生大成》《方剂大成》和《推拿大成》。《传统疗法大成》为该系列丛书之一。该书集中国传统疗法之大成，不仅收载了历经数千年而不衰的多种古老疗法，而且收载了近年来依据传统医学理论、结合现代科技而产生的新疗法；首次较为系统地整理中国少数民族医学疗法，填补了我国传统医学的一个空白。该书具有较高的学术价值、使用价值和收藏价值。

文化和医药价值：

1. 体现出历史和未来的结合

该书在总论介绍了中国传统医学疗法形成发展的历史、现状及必将走向世界的发展方向。

2. 较全面地介绍了内治法与外治法的诸多具体治疗方案

该书内治法分别介绍了丸、散、膏、丹、汤、片、冲、酒、茶、醋、药膳和食疗等几十种内治法；外治法分别介绍了熏、洗、熨、蒸、灌肠、湿泥、针灸、推拿、拔罐、气功以及导引等100多种外治法。

3. 体现了少数民族医学疗法的特色

该书介绍了藏、苗、蒙古、土家、侗、拉祜、壮、朝鲜等少数民族医学中的各种治疗方法。以上每种方法均分"概述""疗法介绍""疗法评析""疗法举例"四个方面内容加以详细介绍。该书适合从事中医理论、科研教学、临床诊疗工作者，中医院校师生及广大中医学爱好者阅读。

《中国民族医药外治大全》
External Treatment of Chinese Ethnic Medicine

关祥祖主编，云南民族出版社1994年出版，1册，1 065页。

医药价值：

该书是由全国200多位民族医药工作者对民族医药中的外治方法通过精心筛选后汇编而成的，由来自16个少数民族聚居的省、市中180位作者和献方人努力完成。所收集到这些外治方法有的是作者本人多年的经验总结，有的是献方人的祖传秘方，有的是在民间所收集的行之有效的治疗方法。

在我国民间，流传着众多的民族医药外治方法，即外病通过外治达到的治疗目的，或者内病通过外治而达到治愈疾病的目的。这些有效的外治方法是中华民族医药的宝贵财富。该书收集、整理了我国民族医药外治法的诸多具体外治方法及各科（内、外、妇、儿等）处方，共收集民族医药方3 523首，病症401个。

该书在编排上以科统病，以病统方，共分八章，条理清楚，层次分明，通俗易懂，药源易找，方法简单。该书汇家庭医疗法于一书，集少数民族秘方实用之医典，不仅具有收藏价值、参考价值，同时也具有临床使用的价值。

《民族传统医药》
National Traditional Medicine

贵州省民委古籍办公室编，吕世祥提供资料，文经贵搜集整理，1994年印刷出版，1册。贵州省民族委员会于20世纪80年代起在贵州省范围内开展各少数民族民间传统医药配方的调查、收集、整理与研究工作，本书是该工作的成果之一。书中收入部分巫医内容资料，可作为一个侧面了解民间医药的传承性，可供读者参考、鉴别。

医药价值：

该书共收载贵州各少数民族传统医药400多种药方及诊断法，部分内容含有苗医用药及诊断独特风格。全书内容丰富，为地方政府对贵州民族医药的发展提供了较重要的决策依据，对促进贵州全省民族医药产业的持续健康发展具有重要意义。

《贵州彝族民间传统医药》

Folk Traditional Medicine of Yi Nationality in Guizhou

王荣辉著，晏朝辉译，四川民族出版社1993年出版，1册，134页。

文献价值：

该书是作者祖先根据彝族先民在和疾病的长期斗争中，不断总结自己防病治病经验而逐步形成的一套比较独特的家传医药。该书原文最早成书年代不晚于明万历末期。按照"传男不传女，传内不传外"的家例，依靠代代相继、口传心授和反复实践的方式传到成书时的第五代。该书是一本较为难得的贵州彝族地区家传彝医药的集成书籍。

医药价值：

该书为彝汉双语，汉语部分为原手稿彝文经翻译后整理而成，记录了5门17类250多个方剂，包括内科、妇科、儿科、外科和五官科等，是一本记录彝族地区常见病治疗方剂的集成书籍。

《彝族祖传食疗验方二百例》

Two Hundred Food Therapy Prescription of Yi Nationality Ancestors

王荣辉著,晏朝辉译,中央民族学院出版社1993年出版,1册,109页。该书是一部民族食疗经验录,记录了彝族内蕴精深的古老而又实用的食疗疗法,是彝族先民用彝文记载的农村常见病的简便食疗方,原书成书年代约在明万历末期。这部散存的彝文医药书,是作者祖父王鸿云于民国十年(1922)转抄的手稿。此书内容丰富,食疗验方配伍独特。该书经作者与其继祖父陈国安多年的临床验证并采用现代分类学方法对其祖父王鸿云所抄写手稿整理后编写而成。

医药价值:

该书为彝汉双语,记录了7门12类200个食疗方剂,它具有问诊处方和以油、盐、菜、米、酱、醋、茶、酒、鱼、肉、糖、豆、瓜和生姜等数十种食品为方剂的特点,易于制作,实用性强。

《广西民族医药验方汇编》

A Collection of Proven Prescriptions of Guangxi Ethnic Medicine

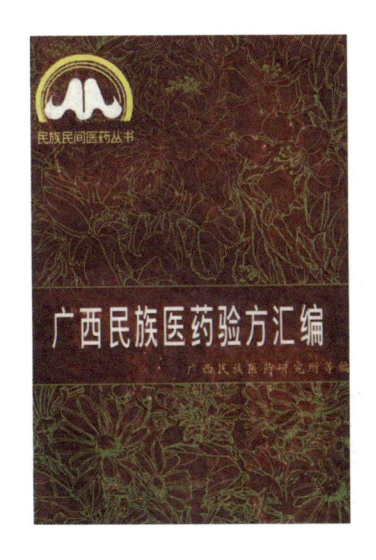

广西民族医药研究所等编,黄汉儒主编,广西民族出版社1993年出版,1册,1 298页。

文献价值:

该书记录了1986—1992年对广西壮族自治区地区展开民族医药古籍普查中调查研究的结果。由广西民族医药研究所牵头,各有关地、市、县的卫生和民族部门大力支持,组织了200多人的专业调查队伍,历时六年在全区开展民族医药的普查整理工作。对搜集到的验方、秘方进行了严肃认真的筛选和整理工作,通过去粗取精、方药核实、规范体例、编目索引等最终汇编成此书。本汇编采用病名分类,按验方收集时的原始记录,中、西医及民族医病名均使用,少数临床表现不明确的病症则列入其他类。该书的出版丰富了广西民族医药宝库,是一本具有挖掘价值的著作。

医药价值:

该书记录了内、儿、妇和外科四个类别的病症及收集到相对应的众多处方,且对处方的来源进行了来源附录,增加了真实性。该书是广西壮族自治区各族人民的共同财富,是广西民族民间医生的智慧结晶,是民族医药古籍普查整理的重大成果,它对于民族传统医药的医疗、教学和科研都具有重要的参考和实用价值。

《贵州中药资源》

Traditional Chinese Medicine Resources in Guizhou

贵州省中药资源普查办公室、贵州省中药研究所编，中国医药科技出版社1992年出版，1册，1 071页。该书是据贵州省中药资源普查资料进行分析、整理、综合后编写的，真实记录了贵州4 200多种中药资源，50多种重点品种以及苗族等少数民族药、民间方药、地方习用品种等，是第一部较全面地介绍贵州中药资源的专著。

文献价值：

该书从贵州省自然环境、自然植被等方面论述了4 200多种中药的种类、分布和藏（产）量（中药植物药资源约为195万吨，动物药资源约为1 520吨，矿物药资源约为6 300万吨），记录了贵州省中药植物药3 924种，动物药289种，矿物药77种，记录了326种全国重点中药品种，对地方习用的140个混乱品种进行了澄清，记录了苗族等少数民族药197种、民间单验方1 440多首。该书是第一部较全面地介绍贵州中药资源的专著，记载的中药、民族药知识对苗族、彝族、布依族、侗族等民族药的地域性研究具有参考价值，对医药卫生、农林、自然保护及医药教育、科研、生产、经营、资源调查、质量检测等部门、单位的有关人员亦具有参考价值。

医药价值：

1. **该书收集广泛，资料丰富**

该书记录了贵州省人民政府于1984年至1987年间组织的对全省90%以上乡镇的3 300多个重点产药地中药调查研究的结果。这次对中药的调查研究是涉及多部门、多学科、综合性强、工作量大的科学的综合考察，参加调查研究的人员有1 460多名，接受访谈的老中药工作者、老中草医11 151人次，采集制作药用植物腊叶标本及药用动、矿物标本共14万多份。该书为贵州中医药事业的发展提供了科学依据，具有重要历史意义。

2. 有系统的研究成果

该书论述了贵州中药资源的分布、中药区划及中药资源发展战略与规划，建立了数据库及检索系统，是贵州省有史以来第一次较为全面、系统而科学的针对全省中药资源的综合考察，丰富了祖国医药宝库，具有重要的科学价值、实用价值和经济价值，为制定中药政策，指导中药工作，制定发展规划，搞好中药生产、流通、经营管理、资源保护、合理开发利用及科研教学等提供了可靠的科学依据。

《奇效良方集成》

Integration of Effective Prescriptions

杨蕴祥、李翠荣、解发良编。湖南科学技术出版社1991年出版，1册，642页。

文献价值：

该书编者对明代《奇效良方》等古代方书进行了筛选整理，又汇集了近代经验良方，翻阅中外期刊数千册，历时六年之久，共辑良方3 724首，并对主方做了详细评价，对有些方剂还用现代科学解释了传统的用药经验。

文化和医药价值：

该书集古今有效良方，载正方2 685首，同名方1 039首，按病症分成十大类，内容包括内、外、皮肤、小儿、妇产、五官等科，以及老年病、计划生育、肿瘤病、预防疾病诸方面。每首正方均按方名、来源、组成、用法、功效、主治，以及同名方、临床应用、现代研究等项叙述。书末附古今度量衡对照、中西病证名称对照和方名笔画索引。该书总结了近代半个世纪以来国内外对中医方药学研究的进展，有其新颖性；用于临床辨证施治行之有效，有其科学性及实用性，对推动祖国医学的发展前进起着积极的作用，具有一定的科研价值，可供医药同道参考。

《贵州彝族医药验方选编》

Selected Prescriptions of Yi Nationality Medicine in Guizhou

王荣辉整理翻译，贵州民族出版社1990年出版，1册，120页。1986年1月至1988年4月，贵州仁怀县政协王荣辉用两年多的时间对祖传彝文医药专集《启谷书》做了翻译整理，编成5门38类，共263个药方，于1989年4月在《贵州民族志资料汇编（第八集）》上内部刊出。《启谷书》成书年代久远，代代相传，其祖父王鸿云医师去世后，继祖父陈国安为了使这部医书不致失传，用斑竹笋壳包扎好，再用皮纸密封，然后用鸡蛋清涂抹烘干，妥为珍藏。

文化和医药价值：

彝族文献医药专集《启谷书》的搜集、翻译、整理和出版，对继承和发扬民族文化遗产，丰富祖国医学，促进社会主义"两个文明"建设，具有十分重要的意义。该书所选验方全为彝族民间经典药方，来自祖传彝文文献，十分珍贵，值得进一步研究和开发。

《贵州珍稀濒危植物》

Rare and Endangered Plants in Guizhou

贵州省环境保护局编，中国环境科学出版社1989年出版，1册，177页。该书为贵州省环保局对贵州珍稀濒危植物科学考察的研究成果，是对贵州地区珍稀濒危植物和珍稀濒危的民族药用植物保护管理的真实、可靠、有实用价值的文献资料。

文献价值：

该书记录了贵州省人民政府按照1984年国务院环境保护委员会对保护珍稀濒危植物提出的明确要求和任务，由贵州省环境保护局组织植物、环境、生态方面的专家学者，深入到贵州省9个地州市的75个县，历时两年对珍稀濒危植物的野外考察研究成果，以及促进赤水松萝、道真银杉和威宁草海等自然保护区的建立的经验。该书涉及物种保护学科面广，内容翔实、丰富，融保护、管理为一体；提出了贵州省第一批《珍稀濒危植物名录》，对制定《贵州省珍稀濒危植物保护管理办法》起到很好的科学依据、参考作用。该书是一本具有显著社会效益、历史意义、科学研究和参考价值的优秀图书。

医药价值：

该书涉及内容丰富，对贵州省内珍稀濒危的药用植物有详细的调查和记录，有利于保护和科学地利用。该书论述了贵州省自然环境、植物和植被主要特征、保护植物主要类型以及珍稀濒危保护植物的种类、分布、生境、濒危原因、经济价值、分布及保护措施、法规等。记录了历时两年进行的珍稀濒危植物野外考察所获得的第一手资料，通过采集的标本、拍摄的照片，对贵州古树名木31种和98

种一、二、三级保护植物的的种类、分布、生境等做了详细记录，其中不乏一些珍贵的药用植物。该书研究证据真实、可靠，结合贵州实际，提出了有效保护珍稀濒危植物的措施。对贵州政府部门做好珍稀濒危植物保护管理，促进物种保护工作进一步发展有实际指导作用，是一部真实、可靠、有实用价值的科学资料。

该书对篦子三尖杉、杜仲、鹅掌楸、青钱柳、厚朴等具有较高药用价值的98种珍稀濒危植物的现状、形态特征、分布、生态学和生物学特性、保护价值、保护措施等做了论述，对这些少数民族常用的药用植物的基源鉴定、栽培及物种保护、管理有着重要的历史意义、科学意义和实用价值。

《贵州中草药名录》

List of Chinese Herbal Medicines in Guizhou

贵州省中医研究所主编，贵州人民出版社1988年出版，1册，916页。

文献价值：

该书是贵州省中医研究所于1957年至1984年27年间对贵州中草药田野调查研究的结果，以调查研究所获得的药物标本，民间的用药实际情况，结合现代植物学、动物学、矿物学等知识，记录了2 857种贵州省民间常用的药用植物、动物、古生物化石及矿物物种。该书是第一部较系统记录贵州中草药的图书，真实度高，有一定的历史价值、科学价值及参考价值。

医药价值：

该书对于贵州中草药药用物种的基源鉴定、物种分布研究和这些物种的功效研究等具有较高的科学价值和实用价值，对从事贵州中药和民族药科研、教学、临床以及中药和民族药的生产等人员具有重要参考价值。

《湘西州中草药资源报告集》

Report of Chinese Herbal Medicine Resources in Western Hunan

1985年至1988年，湘西土家族苗族自治州对所辖10县（市）民族医药情况进行了全面调查，通过对医药人员及药物资源普查，基本摸清了全州当时的民族医药基本情况。

文献价值：

湘西药物资源普查工作于1988年结束，收入《湘西州中草药资源报告集》中的药物名录有1 835种，其中植物药1 665种、动物药147种、矿物药23种。此外，普查队伍走访了土家、苗、汉等民族的名老中医、民族医、药农和药工等，共收得单方、验方2 802个。各县已分别选录了2 336个单验方汇编成册。该州组织专门鉴定小组，赴各县进行鉴定后，又精选了220个处方，分上、下两篇编入该报告集。上篇为预防部分，共选录21方。下篇为临床治疗部分，即内、妇、儿、五官、外伤等科，共选录199方。处方中有些是献方者秘藏的祖传或师传验方，有些是经科研部门验证获得成果奖的单方。该报告集为一本中药本草类普及报告，可供湘西地方政府部门及有关单位和个人参考。

医药价值：

该书调查地域广泛，涵盖湘西地区10县（市），收集药物品种和草方、验方均经过鉴定和验证，其中包括许多民族医药品种。该书对丰富民族医药宝库，摸清该地区民族医药资源和使用情况，推动民族医药的发展和政策的制定奠定了基础。

《民族医药验方选编》
Selected Prescriptions of Ethnic Medicine

该书由湖北省鹤峰县卫生局于1985年组织编写，1册，19页。鹤峰县卫生局为了进一步挖掘整理和继承该县民族医药，从1985年4月至7月对该县民族医药进行了调查、收集工作，共收集单方160个，治疗病症43种。按照治疗病种分类整理，汇编而成此书。这些单方多数来自该县民间草医向家恩、唐三元、刘莫清等老医生的临床之方，有较好疗效。

《中国民族药志》（第一卷）
Chinese Ethnic Annals: Volume I

卫生部药品生物制品检定所、云南省药品检验所等编著。人民卫生出版社1984年出版，1册，共647页。

文献价值：

为了继承和发扬各兄弟民族的传统医药学，20世纪70年代卫生部下达了对民族药进行调查、整理和科学研究的任务，该任务由卫生部药品生物制品检定所和云南省药品检验所牵头，使用民族药较多的16个省、自治区等的药检机构参加。经过数年的普查和复查，初步整理出第一批民族药1 200多个品种，对其中民族常用、来源清楚、疗效确切、比较成熟的品种，分工协作进行科学研究并起草，最后进行分卷审定编辑出版，该书为编辑出版的第一卷。该书是一部大型的民族药药志工具书，是我国第一部专论民族药的专著。《中国民族药志》各卷的陆续出版，是对建国以来我国民族药开发研究的历史性总结。

医药价值：

该书共收民族药135种，以民族药基原进行编写，按汉名笔画排列。每药首列正名及拼音，然后依次记述民族药名、来源（基原、学名、药用部分、形态描述、插图、生长环境及分布）、民族药用经验（药用部分、历史与现状、采收加工、炮制、功用、用法用量、注意事项及附方等）、药材检验（性状、显微鉴别、理化鉴别、含量测定等）、科研资料（成分、药理、临床）等项内容。每药下附参考文献。书末有附方用药注释、民族医的病名简释，以及民族药名索引与拉丁学名索引。该书的出版，为开展民族医药的科研、教学和临床工作等提供了重要参考。

《贵州民族调查》

Ethnic Survey of Guizhou

贵州省民族研究所1983年至2007年编印。全套丛书共24册。

文化和医药价值：

1983年，贵州省民族研究所和贵州民族研究学会组织了大型的综合性的民族调查。该调查以贵州省的少数民族主要分布的六座大山、六条大河命名，称为"六山六水"调查。"六山"指雷公山、月亮山、大小麻山、武陵山、云雾山和乌蒙山；"六水"指清水江、都柳江、乌江、潕阳河、北盘江和南盘江。"六山六水"调查活动和它所产生的调查报告，在学界、政界等产生了重大影响。

从1983年到2007年底，贵州"六山六水"民族调查，已连续进行24年，贵州省民族研究所编辑出版了《贵州民族调查》24册。其中，第1~2册分别收载了林齐雄的《荔波县布依族医药调查》和《荔波县民族医药调查》两篇调查报告。第7~16册收载了贵州民族研究所苗族研究学者杨昌文副研究员在20世纪80年代至90年代对民族医药的调查成果。他对贵州省的威宁县、普定县、福泉市、贵阳市乌当区等地的彝族、苗族和汉族地区调查搜集的民族民间医药资料进行整理，发表了《民族民间医药调查摘要（之一）》；对六盘水市、贞丰县、晴隆县、镇宁县等地的苗族、布依族、彝族和汉族地区调查搜集的民族民间医药资料进行整理，发表了《民族民间医药调查摘要（之二）》和《民族民间医药调查摘要（之三）》；对从江县、贵定县毕节地区的侗族、彝族等地调查搜集的民间医药资料进行整理，发表了《民族民间医药调查摘要（之四）》；对望谟县布依族地区调查搜集的民间医药资料进行整理，发表了《民族民间医药调查摘要（之五）》；对金沙县、黔西县、织金县、纳雍县、毕节地区、大方县的苗族、彝族等地调查搜集的民间医药资料进行整理，发表了《民族民间医药调查摘要（之六）》；对沿河土家族自治县、印江土家族苗族自治县及邻县调查搜集的民间医药资料进行整理，发表了《民族民间医药调查摘要（之七）》；对雷山县、台江县、剑河县等地区调查搜集的民间医药资料进行整理，发表了《民族民间医药调查摘要（之八）》；对福泉市、榕江县民族地区调查搜集的民族民间医药资料进行整理，发表了《民族民间医药调查摘要（之九）》；对黔南布依族苗族自治州和贵阳市等地的民族民间医药资料进行整理，发表了《民族民间医药调查摘要（之十）》。第24册分别记载了范波的《水城县玉舍乡彝族民间医药调查》、游涛的《南开苗族医药调查》、杨泉的《红岩乡布依族民间医药调查》。

该系列图书记载的民间医药调查，覆盖了贵州主要少数民族分布区域。通过实地调查，真实地反映了少数民族医药的发展情况，同时也展现了丰富的民间医药文化，对该地区今后民族医药的传承和发展具有参考作用。

《湖南药物志》(第三辑)

Pharmacopoeia of Hunan: Volume III

湖南省中医药研究所主编,湖南人民出版社1979年出版,1册,767页。

文献价值:

该书是在《湖南药物志》第一、二辑(共收载植物药823种)出版后,在湖南省卫生局党委的高度重视下和湖南师范学院生物系植物学教研组的大力协助下,作者经多年调查,筛选后编写而成。该书共收载植物药341种,其中部分中药系从外地引种栽培,已有一定的产量,该书是湖南地区中草药方面的重要著作。

医药价值:

该书记载植物药341种,每种植物附图片1幅。此书的编写体例基本参照《湖南药物志》第一辑、第二辑,但也进行了适当的增并。对植物的正名、别名、学名、形态、生境分布、栽培要点、药用部位、化学成分、药理作用、性味功能、临床应用等都进行了系统介绍,尤其是临床应用方面介绍得较为详细,包括主治疾病、内服或外用的用法用量、禁忌等。该专著具有较强的地域性,对湖南地区药用植物的研究具有较强的参考意义。

《贵州民间方药集》
Folk Prescriptions in Guizhou

杨济秋、杨济中主编，贵州人民出版社1978年出版，1册，561页。

文献价值：

该书是以前版本的再次修订与增补，把具有确切疗效的单方、验方列入，并在章节上面做了改动。全书分三个篇章及附录，分别叙述了民间草药单方、秘方，民间外治法和民间药草等。该书既有助于民间医生就地取材治病，又可作为各种外治法使用的治疗参考，是一部实用价值很强的著作。该书第一篇按照主治病症对贵州民间方药进行了分类；第二篇收集了贵州各地民间特色外治法；第三篇为民间草药部分，品种总计496种。内容编辑分类合理，全书每个处方和治疗方法都给出了使用区域或供方人。书后附有贵州民间部分药材品种混用对照表。

文化和医药价值：

该书较全面地概括了贵州各地民间常见疾病治疗方法和药材的特点，就地取材，符合民间使用习惯，较好地传承了民族传统医药文化，是一本涵盖贵州少数民族的医药知识、风土人情的医药著作，可为后期挖掘整理民族医药特色方法提供一定的参考。

《中国传统医药概览》

Overview of Traditional Chinese Medicine

陈士奎、蔡景峰主编，中国中医药出版社1977年出版，1册，715页。

文献价值：

该书的编写，是在民族医药工作日益受到我国政府的重视，民族医药事业不断发展的背景下完成的。参加该书编写工作的有来自全国17个拥有民族医药机构或资源的省（自治区）共100余位负责民族医药工作的同志和专家。该书从各民族医药的发展简史、事业现状、理论体系、诊疗方法、药物资源等方面提供了比较翔实的资料，是我国第一部由国家行政部门组织的、全面反映各民族医药状况的专著。

文化和医药价值：

该书是我国第一部全面反映各民族医药状况的专著。内容包括各民族医药的发展简史、事业现状、理论体系、诊疗方法、药物资源等，为了解各民族医药提供了较为翔实的资料。该书是民族医药工作者们多年来挖掘、整理、研究民族医药的总结，对促进民族医药事业的进一步发展、各族人民的医疗保健及发展民族经济也有积极意义。

《贵州药用植物目录》
List of Medicinal Plants in Guizhou

贵州省中医研究所1972年2月编印，1册，189页。该书主要包括菌藻类、苔藓类、蕨类以及单子叶、双子叶等药用植物，整合成一种药用植物词典。该书内容包括植物学名、拉丁名、别名以及功效等，对研究贵州药用植物资源与保护，以及药用植物的进一步开发利用有一定参考价值。

《湖南药物志》（第二辑）

Pharmacopoeia of Hunan: Volume II

湖南省中医研究所主编，湖南人民出版社1972年出版，1册，911页。

文献价值：

该书是在《湖南药物志（第一辑）》出版后，在以往的工作基础上，编辑成《湖南药物志》第二辑。该书共收载湖南省常见中草药植物406种，书末附有本辑药物的中文名和第一、二辑收载植物药共823种的学名索引。该书是介绍湖南地区中草药方面的早期重要著作，其中包含众多少数民族用药，对后期民族医药的发掘整理提供了参考。

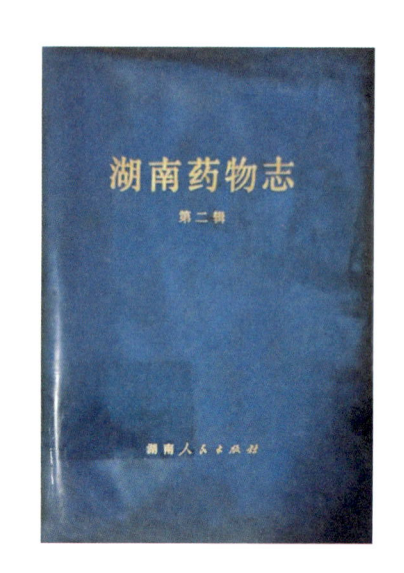

医药价值：

该书在介绍药物品种分类、特征的同时，适当补充了广大群众使用中草药防治疾病的实践经验，图文并茂，实用性强，可为从事医疗、教学、科研的工作者和相关学者参考。

《贵州草药》
Herbs in Guizhou

贵州省中医研究所编。贵州人民出版社1970年出版，共2册，1 140页。该书两册共收载贵州省民间医生经常使用而疗效又较好的1 000种草药，书中所附方剂均是民间验方。

医药价值：

该书每集都收载贵州民间医生常用草药500种，按正名首字笔画数排列，正名一般以全国通用的植物名为主，缺的则采用贵州省民间通用名，别名系贵州省各地区的习惯用名。该书是编写组人员从贵州民间收集到的大量医药资料中，经过鉴定和整理，从中挑选出的该省民间医生经常使用疗效较好的草药品种介绍以及民间验方，并在图注正名后附有植物的拉丁名。该书对贵州省民族医药的挖掘整理以及研究开发具有较大的参考价值。

《湖南药物志》（第一辑）
Pharmacopoeia of Hunan: Volume I

湖南中医药研究所主编，湖南人民出版社1962年出版，1册，835页。

文献价值：

该书收录了湖南省常用中药、民族药417种，包含新发现品种，澄清了以往易于混淆的药物品种。正文介绍了每种药材的各地别名、拉丁学名、原植物形态、效用（包含民间应用）等内容。为方便查阅，文后附有药材拉丁名索引和别名补遗表，可供湖南地区药用植物研究人员参考使用。

医药价值：

该书重点对湖南省常用中药、民族药的各地别名进行了考证和统一，避免了药物使用混乱，以确保临床疗效。该书详细记载了每种药材的民间用途，并注明了使用区域。该书的出版为后续湖南中药材的鉴定和开发利用奠定了基础，也为后续第二辑、第三辑的编撰出版提供了较好的借鉴。

《贵州省中草药接骨验方选》

Selected Prescriptions of Chinese Herbal Medicine for Bone Jionting in Guizhou Province

贵阳中医学院主编。1961年6月出版，出版地不详，为内部交流资料，1册，95页。贵州省民间散存着大量接骨中草药单验方，长期以来，对治疗广大劳动人民的疾病起到很大作用。贵阳中医学院组织的科研协作组结合贵州省中西医结合治疗骨折科研工作的开展，收集到一部分民间接骨单验方，参照部分省内资料，选择其中材料比较全面、药物来源普遍、具有一定疗效、在贵州省各地区有一定代表性的处方共计100个，初步整编为册，供内部使用。

《贵州省中医验方秘方》

Secret Prescription of Traditional Chinese Medicine in Guizhou

贵州省卫生厅主编，共2册，第一册179页，1956年出版；第二册701页，1958年出版。出版地不详。

第一册收集了1955年6月之前贵州省各地中医、民族医生献出的秘方、验方892首，按其性质，分别归类为内科、妇科、儿科、外科、五官科。1956年7月出版第一册之后，陆续收到贵州省各县市中医、民族医生寄来的方子，加之1957年贵州省召开第一届中医代表会议，出席的中医、草药医、民族医代表献出的1 050方，先后共收集2 469方，经整理后将2 446方出版为第二册。

文化和医药价值：

该书较全面地概括了贵州各地民间常见疾病治疗方法和药材的特点，就地取材，符合民间使用习惯，较好地传承了民族传统医药文化，是一本涵盖贵州少数民族的医药知识、风土人情的医药著作，可为后期挖掘整理民族医药特色方法提供一定的参考。